食品安全系列

当心！生活中的100种有毒物质

孙晶丹 · 主编

四川人民出版社

图书在版编目（CIP）数据

当心！生活中的100种有毒物质 / 孙晶丹主编. --
成都：四川人民出版社，2017.12
ISBN 978-7-220-10647-7

Ⅰ.①当… Ⅱ.①孙… Ⅲ.①有毒物质—基本知识
Ⅳ.①X327

中国版本图书馆CIP数据核字(2017)第311846号

DANGXIN！SHENGHUOZHONG DE 100 ZHONG YOUDU WUZHI

当心！生活中的100种有毒物质

孙晶丹　主编

责任编辑	喻　磊
责任校对	申婷婷
责任印制	许　茜
装帧设计	深圳市金版文化发展股份有限公司
出版发行	四川人民出版社（成都市槐树街2号）
网　　址	http://www.scpph.com
E-mail	scrmcbs@sina.com
新浪微博	@四川人民出版社
微信公众号	四川人民出版社
发行部业务电话	（028）86259624　86259453
防盗版举报电话	（028）86259624
图文制作	深圳市金版文化发展股份有限公司
印　　刷	深圳市雅佳图印刷有限公司
成品尺寸	173mm×243mm
印　　张	13
字　　数	220千
版　　次	2018年2月第1版
印　　次	2018年2月第1次印刷
书　　号	ISBN　978-7-220-10647-7
定　　价	39.80元

目录

part **1**
家庭中的有毒物质

part 2

食品添加剂中的有毒物质

part 3

药品、化妆品中的有毒物质

part **4**

天然食物中的有毒物质

part 5
农业、水产、畜牧业中的有毒物质

part 6
工业用品中的有毒物质

part 7

生活环境中的有毒物质

part **8**

致命的有毒物质

Part

1

家庭中的有毒物质

在家庭生活中，免不了要使用各种各样的化学用品，例如洗涤剂、漂白粉等。这些用品为我们生活带来了便利，是日常生活必不可少的。不过，即使是再平常的日用品，如果使用的方法错误，也有可能变成威胁我们健康的有害物质。所以，为了家人的健康，务必了解一些常见生活用品的基本知识。

001 漂白剂和洗涤剂一起用生成剧毒？

白色的衣服存放久了，很容易出现发黄的污渍，这时人们会用漂白剂来将其恢复成白色。使衣服发黄的"元凶"是有机化合物，因此，若想恢复衣物本来的颜色，则需要通过化学反应来分解这些有机化合物。一般来说，要分解有机化合物，最简单的方法是氧化反应。

要促成氧化反应，首先需要氧气（O_2）的参与，其次就需要加入一些漂白剂。市面上销售的漂白剂一般分为两种：盐素类和酸素类。

盐素漂白剂

漂白剂成分中含有氯元素的即为盐素漂白剂。其中经常使用的成分主要为次氯酸钠，其分子式为 $NaClO$，它与洗涤剂中的表面活性剂混合后便是我们经常使用的盐素氧化剂。次氯酸钠分解后会产生氯化钠（$NaCl$，食盐的主要成分）和氧气（O_2）。

盐素漂白剂的危险性在于其中的次氯酸钠和酸反应会产生氯气（Cl_2），而氯气是剧毒的化学物。接触或者吸入氯气会造成不同程度的损伤，轻者损伤呼吸器官黏膜，重者造成失明，更严重甚至会导致人死亡。

家庭生活用品中有一些是强酸类化学物，最具代表性的便是浴室洗涤剂。这类洗涤剂中一般都含有盐酸（HCl），如果与盐素漂白剂混合，就会发生化学反应，生成剧毒的氯气。因此，在日常生活中，切勿将盐素漂白剂和酸类洗涤剂一起使用！

酸素漂白剂

　　"酸素"就是氧元素的旧称,酸素类漂白剂会与导致衣物变色的有机化合物发生氧化反应,从而分解这些有机化合物。其中经常用到的成分主要为过氧碳酸钠,分子式为 $2Na_2CO_3 \cdot 3H_2O_2$。此成分与洗涤剂中的表面活性剂混合后就是我们常用的酸素氧化剂,它不仅具有漂白作用,还有一定的杀菌作用。

本节重点

1 酸素类漂白剂发生的化学反应:
$$2Na_2CO \cdot 3H_2O_2 \rightarrow 2Na_2CO_3 + 2H_2O + O_2$$

2 盐素类漂白剂发生的化学反应:
$$2NaClO \rightarrow 2NaCl + O_2$$

3 盐素类漂白剂和酸反应时,会产生有毒气体——氯气。

4 注意盐素类漂白剂一定不要和其他洗涤剂混合使用!

002

洗涤剂对人体皮肤和环境有害吗?

　　洗涤剂能够去除衣物上的污渍。衣物污渍总共分为两种,一种是能溶于水的水溶性污渍,一种是不能溶于水的脂溶性污渍。

　　汗液这类的污渍为水溶性污渍,沾有汗渍的衣物只需用水浸泡,污渍便能自动溶于水,从而不需要洗涤剂。不过脂溶性污渍则没那么容易去除了,沾有脂溶性污渍的衣物即使浸泡在水中也洗不干净,因此需要借助洗涤剂。

洗涤剂的作用

　　有机分子兼有水溶性和脂溶性两种性质。洗涤剂中的一个单独的分子也具有这两种属性,分子的一头为脂溶性,另一头为水溶性。我们一般称这样的物质为表面活性剂。

　　浸泡在水中的衣物,其沾上的污渍遇到洗涤剂会发生什么呢? 洗涤剂分子的脂溶性一头会钻进脂溶性污渍中。

　　当脂溶性污渍的表面被洗涤剂包围后又会发生什么呢? 它将变成一个被洗涤剂分子包围着的外表全是水溶性部分的一个块状体。这时脂溶性污渍便会溶于水中。这便是洗涤剂能洗净衣物的原理。

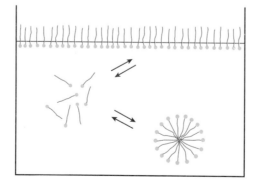

洗涤剂的有害性

洗涤剂的有害性主要体现在两个方面：

一方面是对环境的影响。以前的洗涤剂中含有磷（P）和硫（S）两种物质。而这两种成分都能成为微生物的养分。因此，当洗过衣物的废水排到江河湖海中后，会导致水质富营养化，水中细菌和微生物大量增长，造成水华和赤潮现象。

另一方面是对皮肤的影响。这是洗涤剂的去油渍能力带来的不可避免的影响。长时间持续使用洗涤剂，会破坏皮肤表面的保护层——脂质层，皮肤会变得粗糙没有光泽。接触洗涤剂后，给皮肤涂上保湿霜等护肤产品能够有效缓解对脂质层的破坏。

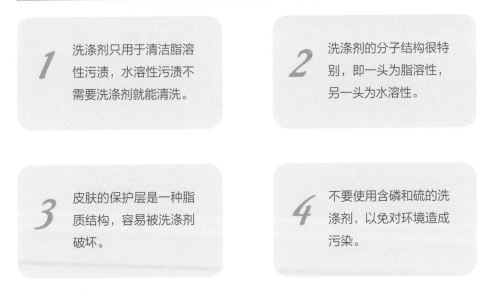

本节重点

1 洗涤剂只用于清洁脂溶性污渍，水溶性污渍不需要洗涤剂就能清洗。

2 洗涤剂的分子结构很特别，即一头为脂溶性，另一头为水溶性。

3 皮肤的保护层是一种脂质结构，容易被洗涤剂破坏。

4 不要使用含磷和硫的洗涤剂，以免对环境造成污染。

003 干洗过的衣物对皮肤有害吗?

干洗就是用有机化学溶剂对衣物进行洗涤,包括去除油污或污渍的一种干进干出的洗涤方式。由于干洗后的衣物不缩水、不变形、色泽保护性好,手感柔软,便于熨烫,因此这种洗衣方式深受人们的欢迎,尤其适合清洗高档面料的衣物。

水洗和干洗的区别

水洗和干洗这两种方式最大的区别,就是洗衣时是否需要用水来浸泡。

水洗是将衣物浸泡在水中,衣物上的污渍将溶解于水,不溶于水的污渍也可借助洗涤剂来清除。干洗则不同,干洗不是将衣物浸泡在水中,而是浸泡在一种有机溶液里。由于这种方式不会打湿衣物,故命名为干洗。干洗时,衣物上的污渍将溶于有机溶剂中。因此这是一种去除有机污渍的强效方法。不过,干洗却不能够去除水溶性污渍。

有机溶剂的作用和潜在危险

既然干洗需要用到有机溶剂,那么这种有机溶剂对人体的安全性就尤为重要。用于干洗的有机溶剂要符合以下三点要求。

❶ 对油脂有较强的溶解力。

❷ 沸点低,挥发性强。

❸ 只去除污渍而不影响衣物本身的颜色。

由于需要满足以上的条件，以前人们常用的有机溶剂为碳化氢、芳香族化合物苯、有机氯化合物四氯乙烯、三氯乙烷，以及含有氟元素的氟利昂等。

后来的相关研究证明苯有致癌性，有机氯化合物也有致癌的危险性，并且是对人体健康和环境都有威胁的物质。另外，由于氟利昂能造成臭氧层空洞，也已经被国际禁止使用。鉴于以上原因，现在干洗产业渐渐呈现出用碳化氢（石油的主要成分）来代替以往有机溶剂的趋势。

对于皮肤较敏感的人而言，这些溶剂和洗涤剂有可能损伤皮肤。因此当衣物干洗完之后，一定要等到里面的各种化学物质全部挥发干净后再取下塑料袋（套塑料袋是由于干洗的洗涤剂挥发性强，不能受到风吹）。为了避免干洗溶剂对人体的潜在伤害，现在已经有相关机构着手研究柑橘类水果中的芋烯，因其对油脂溶解力强，并且具有亲和人体性质。

本节重点

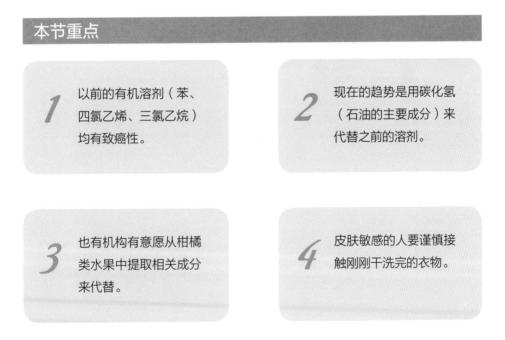

1 以前的有机溶剂（苯、四氯乙烯、三氯乙烷）均有致癌性。

2 现在的趋势是用碳化氢（石油的主要成分）来代替之前的溶剂。

3 也有机构有意愿从柑橘类水果中提取相关成分来代替。

4 皮肤敏感的人要谨慎接触刚刚干洗完的衣物。

除霉剂会破坏
人体蛋白质吗？

食物中的霉菌不仅会导致食物腐败，更有致癌的危险，是一种让人十分头疼的物质。霉菌不仅存在于食物中，还存在于木材、瓷砖缝隙等各个角落，既影响美观，又危害人体健康。

一般我们将能够去除霉菌的药物称为除霉剂。由于很难研发出只除霉菌而对其他微生物无害的药物，因此一般来说，使用这些药物去除霉菌的同时，也会除掉其他微生物。

除霉剂的种类

除霉剂种类有很多种，例如酒精类、逆化皂、氧化剂等。

◎酒精类

乙醇（有时也可以单指酒精）、苯酚（phenol）、甲酚（cresol）等。

◎逆化皂（脂肪酸皂）

如前所述，洗涤剂有水溶性和脂溶性两部分（参考 4 页）。普通的洗涤剂带有阴离子（CO_2^-等），而逆化皂带的是阳离子（NR_3^+等）。

◎氧化剂

过氧化氢 H_2O_2、氯化合物（漂白粉）等。

虽然气体除霉剂一般不是家庭用的，不过各种气体除霉的方法也是多种多样的。作为气体除霉剂，通常使用的有臭氧（O_3）、环氧乙烷、甲醛等气体。另外也可以通过照射 X 光、紫外线等方法来除霉，注意 X 射线不能用于家庭除霉。

除霉剂的危害

酒精有凝固霉菌蛋白的作用，逆化皂则通过影响霉菌细胞膜从而达到破坏效果。

由于这些除霉剂均以破坏蛋白质或细胞膜为基础进行除霉，我们人体的细胞也是含有蛋白质和细胞膜的，所以除霉剂也能够影响人体，使用时一定要留心。

本节重点

1 除了食物中，家中的木材、瓷砖缝隙等角落也可能存在霉菌。

2 除霉剂包括酒精类、逆化皂、氧化剂、臭氧气体等多种。

3 破坏霉菌的蛋白质和细胞膜是除霉剂起作用的主要原理。

4 所有除霉剂对人体均有一定伤害，使用时务必做好防护工作。

含氟涂层会使胆固醇升高吗？

　　现今市场上雨伞、皮鞋、拒水剂、木地板的"涂层"中都使用了两种化学物：PFOS（全氟辛烷磺酸盐）和 PFOA（全氟辛烷）。这里的 P 是"过"（Per）的意思，F 是指氟元素（Fluorine），O 指的是辛烷（Octane，含有 8 个碳原子的化合物），S 是指磺酸基（Sulfonic，磺酸类似物质），A 则是酸（Acid）。PFOS 和 PFOA 名字均以其英文名称的首字母组合而成，这些都是自然界中不存在的化学物。

含氟涂层的有害性

　　PFOS 是碳元素和氟元素合成的有机氟化合物中的一种，而碳元素和氟元素的结合十分稳定。因此，这种物质就如有机氯化合物一样，释放到环境中很难被分解，无论如何处理都会残留在大自然里，并经过食物链的循环后最终进入到人体。

　　虽然以前公认 PFOS 毒性很低，然而，最近研究表明，PFOS 对人体仍然存在一定的影响，它能诱导人体活性氧水平上升，从而诱发癌症，此外，它还会阻碍胆固醇的代谢。

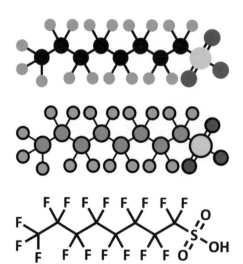

含氟涂层的累积量

PFOA 具有水溶性，一般能够通过小便等排出体外，在人体内的累积量很小。然而研究表明，PFOS 却能够在人体血液、肝脏、胆囊等器官中堆积。通过对不同国家人群体内的 PFOS 的累积量调查发现，波兰和美国是 PFOS 累积量最高的国家，日本则紧跟其后排在第三位。

像有机氟化合物或者有机氯化合物这类不能被分解，持续残留在环境中的物质统一被称作持久性有机污染物（Persistent Organic Pollutants，简称 POPs）。为了消除这些持久性有机污染物，国际上已出台了相关协议，即为了减低环境荷尔蒙而制定的《斯德哥尔摩公约》。此公约于 2004 年生效，限制了以滴滴涕（DDT）、二噁英（dioxine）为首的持久性有机污染物，并且于 2009 年增加了对 PFOS 等物质的限制。

未来还需要继续深入调查，尽早找到其他种类污染物。

本节重点

1 含氟涂层中一般会使用两种化合物：PFOS和PFOA。

2 PFOA可随小便排出体外，而PFOS则很容易在人体内堆积。

3 PFOS和PFOA均为持久性有机污染物，因此已列入限制对象名单。

4 平底锅、厨房涂层用具、户外防水衣物、一次性食品包装纸等日常用品中往往含有全氟化合物。

一氧化碳中毒的症状是怎样的？

碳的氧化物中有一氧化碳（CO）和二氧化碳（CO_2）。碳如果在氧气充足的地方燃烧，就会生成二氧化碳。当氧气不足时，碳燃烧后的产物就是一氧化碳。

一氧化碳的中毒反应

在密闭的环境中燃烧气态或者石油类的含碳化合物时，最初由于氧气充足，燃烧后会生成二氧化碳，然而当室内氧气快消耗完时，这时的燃烧产物将变成一氧化碳。

由于一氧化碳是无色、无臭、无味、无刺激性的气体，我们很难注意到它的存在。然而当一氧化碳的浓度累积到一定程度时，会引起人体的头痛、恶心等一系列症状，这时候一氧化碳已经破坏了人体的运动中枢，中毒者即使意识到中毒也无法采取相应的自救措施。因此一氧化碳中毒必须引起大家的重视。

一氧化碳的危害

由于一氧化碳毒性十分强，在一氧化碳浓度为500ppm（1ppm=0.001%）的封闭环境里待1小时就会出现中毒症状；浓度为1000ppm时，人会出现严重症状反应；而当浓度达到1500ppm时，人会昏迷甚至死亡。而以普通的生活、工作环境为例，一氧化碳一天的平均值为10ppm，8小时的平均值为20ppm。

一氧化碳是一种呼吸毒。呼吸毒并不只是简单的定义为不能呼吸，而是指氧气不能够被运输到细胞里。在红细胞中有一种被称作血红蛋白的蛋白质，此蛋白质中含有铁元素。血红蛋白利用铁元素捕获氧气，通过血液流动到细胞，再与氧气分离，将氧气传递给细胞，然后再流到肺部与新的氧气结合，再流到细胞处交换氧气。

一氧化碳与血红蛋白结合的能力要比氧气强 250 倍，并且一旦与血红蛋白结合，便不会分离开来。这时候血红蛋白搬运氧气的能力便丧失了，这就是呼吸毒的作用原理。

以前的城市煤气中混有一氧化碳，不过现在已经全部改为天然气（甲烷）了。

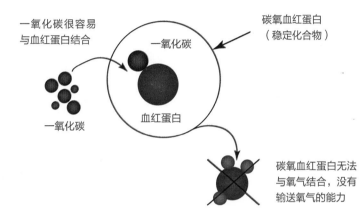

一氧化碳很容易与血红蛋白结合

碳氧血红蛋白（稳定化合物）

一氧化碳

血红蛋白

一氧化碳

碳氧血红蛋白无法与氧气结合，没有输送氧气的能力

本节重点

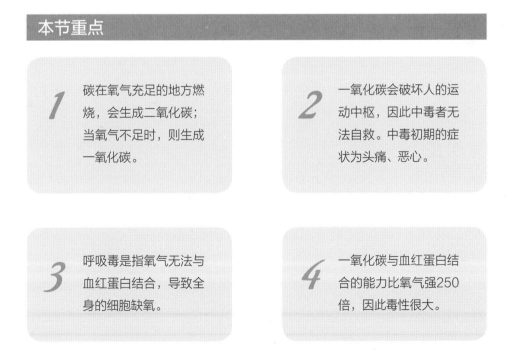

1 碳在氧气充足的地方燃烧，会生成二氧化碳；当氧气不足时，则生成一氧化碳。

2 一氧化碳会破坏人的运动中枢，因此中毒者无法自救。中毒初期的症状为头痛、恶心。

3 呼吸毒是指氧气无法与血红蛋白结合，导致全身的细胞缺氧。

4 一氧化碳与血红蛋白结合的能力比氧气强250倍，因此毒性很大。

007 紫外线真的能导致皮肤癌吗？

紫外线是一种能量很高的电磁波，对人体有不少的危害。

电磁波和光

光也是电磁波的一种，也具有波长（λ）和振动频率（γ）。

电磁波中人眼可以直接观测到的波叫做可视光线，这部分光线的波长范围为 400~800 纳米。如果使可视光线通过棱镜，将看到彩虹一般的 7 种不同颜色，其中，紫色为波长较短的电波，红色为波长较长的电波。

挨着紫色光线，并比其波长更短的电磁波叫做紫外线，紫外线不能被人的肉眼感知。同样，挨着红色光线，并比其波长更长的电磁波叫做红外线，红外线也不能被人的肉眼感知。然而这两种电磁波能够通过温度变化被检测到。

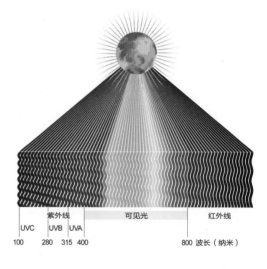

紫外线的危害

电磁波的能量与振动频率（γ）成正比，与波长（λ）成反比。因此波长越短的电磁波携带的能量就越高，对生物的危害也越大。紫外线的多种危害中，最广为人知的便是其携带的高能量。

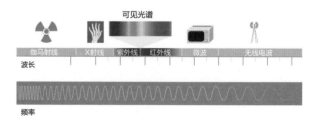

比紫外线波长更短的 X 射线，即伦琴射线携带的能量更高，如果被伦琴射线大量辐射，则患白血病等重症的概率将会增加。还有比 X 射线波长更短的 γ 射线，这是一种放射线，携带的能量更加高，甚至被称作"杀人光线"。

照射在地球上的宇宙射线包含了紫外线、X 射线和 γ 射线。如果这些射线直接照射在地球，则地球上将不再有生命存在。

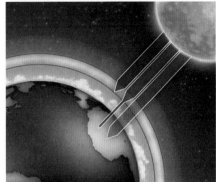

地球上的生命之所以存在的原因就是上方有臭氧层。臭氧层能够吸收波长短的电磁波，我们才得以不被这些射线干扰而健康地生活。然而现在由于臭氧层被氟利昂破坏，出现了空洞，宇宙射线直接照射到地球，进入到我们环境中。这也直接导致了现在皮肤炎等皮肤病发病率的增高，由此我们也可以看出紫外线的危害不可小觑。

本节重点

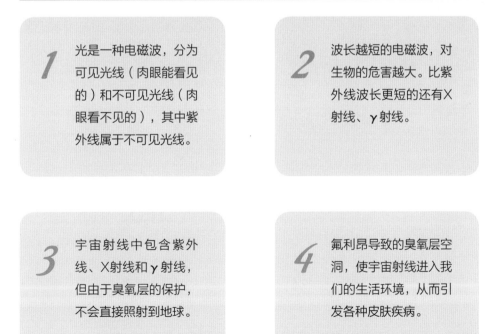

1 光是一种电磁波，分为可见光线（肉眼能看见的）和不可见光线（肉眼看不见的），其中紫外线属于不可见光线。

2 波长越短的电磁波，对生物的危害越大。比紫外线波长更短的还有X射线、γ射线。

3 宇宙射线中包含紫外线、X射线和γ射线，但由于臭氧层的保护，不会直接照射到地球。

4 氟利昂导致的臭氧层空洞，使宇宙射线进入我们的生活环境，从而引发各种皮肤疾病。

008 活性氧残留在人体内
会加速老化吗？

氧元素（氧原子 O，氧气分子 O_2）是生物生存必不可少的物质之一。氧气通过呼吸系统进入到我们体内，进而燃烧身体里的营养物质来提供能量。然而，如此重要的氧元素，对于肉毒杆菌类的厌氧性细菌却可以称得上是毒药。

氧元素主要对物质进行氧化反应，不过如果氧化反应在体内过度进行的话，对人体也是有害的。这种对人体有害的氧元素，我们称之为活性氧。

活性氧的种类

活性氧有多种种类，大致上可分为以下两大类。

◎**仅由氧原子组成的活性氧**：纯态氧（O_2）、超氧阴离子基团（O_2^-）、臭氧（O_3）等。

◎**含有氧原子和其他原子的活性氧**：过氧化氢 H_2O_2、羟基（-OH）、一氧化氮（NO）、二氧化氮（NO_2）等。

在活性氧的分子结构中，大多数电子是成双出现的，不过也有少数电子以单个形式存在。这就是活性氧有毒的原因。

H_2O_2

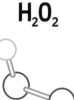

活性氧的危害

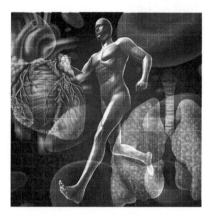

众所周知，活性氧是一种在体内或者体外等多种环境下都可能会产生的物质。纯态氧是在有光的条件下产生的，只要存在一定的催化剂和强光，就能够产生纯态氧。除此之外，吸烟或者大气污染的情况下都会产生纯态氧。

至于体内产生活性氧的条件，则主要有剧烈运动、年龄增加、压力过大等。身体内产生的活性氧一般会通过抗氧化剂等各种化合物分解或者变得稳定，从而使其对身体的危害消失。然而，若是体内活性氧太多，不能全部处理掉的话，就会对身体产生有害影响。

活性氧由于其携带高能量和电子，所以状态十分不稳定，具有很强的化学反应活性，特别是强烈的氧化性。因此，即使有一些研究报告证明活性氧和老化之间无相关性，活性氧能导致衰老等危害性仍然在民间广为流传。

不过没有一篇报告指出过活性氧对人体有益，所以平时生活中还是需要多多注意。

本节重点

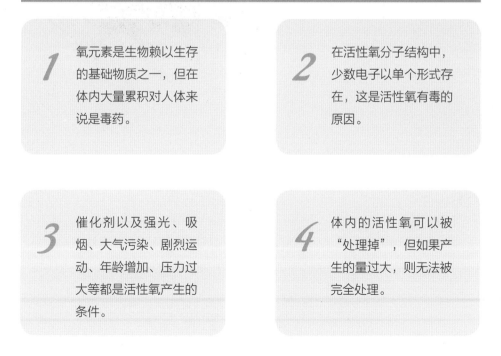

1 氧元素是生物赖以生存的基础物质之一，但在体内大量累积对人体来说是毒药。

2 在活性氧分子结构中，少数电子以单个形式存在，这是活性氧有毒的原因。

3 催化剂以及强光、吸烟、大气污染、剧烈运动、年龄增加、压力过大等都是活性氧产生的条件。

4 体内的活性氧可以被"处理掉"，但如果产生的量过大，则无法被完全处理。

009　误吞电池会造成
胃穿孔吗？

电池是现代文明的必需品，人们完全无法想象离开了电池的生活。然而，生活中常见的电池也有着潜在的危险性。以下可大致了解一下碱性电池和锂电池。

碱性电池

碱性电池与普通电池一样，两极物质为锌（Zn）和二氧化锰（MnO_2）。然而此电池与干电池的不同点在于，其内部含有强碱性的溶液，所以内部物质有泄漏的危险性。

强碱性溶液中含有氢氧化钾（KOH）。由于氢氧化钾能够溶解蛋白质，被认定为高危险性的有害物质，接触到皮肤能够腐蚀皮肤，接触到眼睛可以造成眼睛失明。

孩子吞食了小型的碱性电池后果会很严重。在胃酸的作用下，电池的外包装会渐渐溶解，里面的强碱性成分就会流出来，严重情况下甚至会导致胃穿孔等重症。现实生活中这样的事件一直有发生，家长平时一定要留意，别让孩子玩电池。

锂电池

锂电池的负极物质为锂（Li），正极物质为二氧化锰（MnO_2），电解液用的是有机溶剂。其优点为较高的电压（3V）和相对较小的体积，因此多用于各种小型电器中。

需要注意的是，锂电池有易燃易爆的危险性，充电太久或者使用太久都会产生异常发热的情况，并且由于电能密度较大，一旦发生短路，温度会在短时间内升高。此外，锂电池内部的有机溶液有挥发性，全部挥发完后，锂电池就会成为一个易燃的危险品。

当锂电池由于外力产生变形的情况下，内部有可能会发生短路，因此在使用时一定要注意。

本节重点

1 常用的电池有干电池、碱性电池、锂电池等，其构造和危险性均有所不同。

2 碱性电池的内部含有强碱性溶液，能腐蚀皮肤、造成失明，如果误吞甚至会造成胃穿孔。所以注意不要让儿童接触或者吞食。

3 锂电池有易燃易爆的危险，切勿长时间使用或充电太久。

4 使用锂电池时要谨防外力撞击，一旦发生变形，很容易燃烧、发生爆炸。

010 为什么会产生新居综合症？

刚搬进新家的人总会感觉有不明原因的身体不适，例如头晕恶心、容易感冒、呼吸不畅、嗓子不舒服、经常打喷嚏、皮肤过敏、记忆力减退等，这个就叫做新居综合症。此综合症反应与化学物品过敏症类似。

新居综合症的原因

新居综合症是化学物质过敏的一种，其中的化学物质种类可以有很多，不过最主要的原因却是甲醛。

甲醛是一种毒性十分强的化学物。甲醛浓度为35%的水溶液被称作福尔马林，此水溶液由于其凝固蛋白质的作用也被用于制作生物标本。

甲醛释放出来的过程

在新家中，释放甲醛气体的主要原因来自哪里呢？正是我们的新家具建材，即各种各样的装修材料，尤其是表面为高分子的黏合剂，如三聚氰胺树脂和酚醛树脂。

三聚氰胺树脂和酚醛树脂是一种高温条件下不变形，具有热固性的高分子材料。在此类热固性树脂中，其制造原料便含有甲醛。在制作过程中，将甲醛作为黏合剂添加到酚醛树脂的合成反应中，以此来美化酚醛树脂的外观。

当反应终止后，甲醛就会消失，相应的毒性也将消失。然而，化学反应是不可能真正完全终止的，因此会有少量没反应的甲醛残留在树脂中。当树脂应用到新家装修时，甲醛就会慢慢释放，变成新居综合症的主要"元凶"。不过时间一长，甲醛完全释放后便不会再有影响，这也是新居综合症只在刚搬进新家才会出现的原因。

本节重点

1 新居综合症是指刚搬进新家后出现的一系列身体不适，家中的每个成员都会出现，但症状不一定完全相同。

2 甲醛是导致新居综合征的主要"元凶"，它是一种毒性十分强的化学物质。

3 装修材料中的高分子黏合剂（三聚氰胺树脂、酚醛树脂等）是释放甲醛的来源。

4 甲醛用于酚醛树脂的制造，其中残留的未反应的甲醛将慢慢释放到空气中。

011 灭火器里的化学品不慎入眼，会失明吗？

当发生火灾时要使用灭火器，灭火器里的化学品必须具有超强的灭火能力。不过，由于火灾很少发生，灭火器的使用频率较低，在安全性和灭火能力中，一般都是优先考虑灭火能力的。火灾中最危险的不仅是烟气，灭火器对人也是有害的，因此平时一定要多加注意。

灭火器种类（根据内置化学物品分类）

◎强化水灭火器

强化水以碳酸钾（K_2CO_3）等水溶液为主。当炒菜时发生火灾，我们可以用此类灭火器，里面的碳酸钾短时间和油发生皂化反应，阻断火势。这种灭火器对于烹饪引发的火灾十分有效。

◎泡沫灭火器

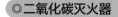

此灭火器内置化学物品为硫酸铝（$Al_2(SO_4)_3$）和碳酸氢钠（$NaHCO_3$，小苏打），两种化学品是分开放置的，使用时需摇晃瓶身，将两者混合，瓶内的压力使生成物变成白色泡沫喷出来，通过冷却燃烧源来达到灭火目的。

◎二氧化碳灭火器

此灭火器内置化学物品为高压下的二氧化碳。利用二氧化碳阻隔燃烧条件之一的氧气来达到灭火目的。由于此方法不会产生化学物品的污损，因此十分适合用于电脑、电器设备等造成的火灾。

◎**卤代烷灭火器**

此灭火器内置化学物品为四氯化碳等卤代烷类化学物品。由于其高效的灭火能力和灭火后没有化学污损的优点，常用于因电脑等设备发生的火灾，不过由于其具有一定的毒性，现在已经限制生产。

灭火器的危害

强化水灭火器中的碳酸钾浓缩液具有强碱性，如果皮肤接触到会引发炎症，接触到眼睛则会造成失明。

卤代烷灭火器中的四氯化碳在高热状态下会与氧气发生反应，生成光气（$COCl_2$），此气体为第一次世界大战时德国军队运用的生化武器。

二氧化碳灭火器中的二氧化碳在低浓度下虽然对人体无害，但是当浓度变高时就会相当危险。当二氧化碳浓度达到 35% 时，人将失去意识；浓度达到 55% 时，此时若不及时供氧，会造成人员死亡。

本节重点

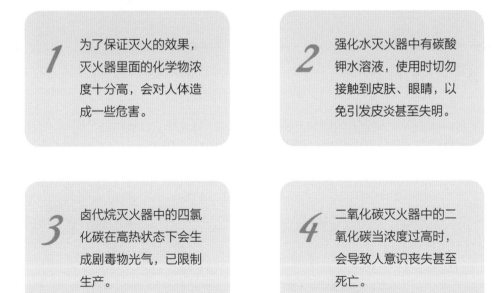

1 为了保证灭火的效果，灭火器里面的化学物浓度十分高，会对人体造成一些危害。

2 强化水灭火器中有碳酸钾水溶液，使用时切勿接触到皮肤、眼睛，以免引发皮炎甚至失明。

3 卤代烷灭火器中的四氯化碳在高热状态下会生成剧毒物光气，已限制生产。

4 二氧化碳灭火器中的二氧化碳当浓度过高时，会导致人意识丧失甚至死亡。

012 石油等燃料有哪些危害？

石油的主要成分为天然的碳化氢，此外还含有微量的硫、氮、氧等化合物。由于其中化合物的沸点不同，用不同温度蒸馏石油时，将得到不同的产物。

石油包含的化合物及其沸点

◎**汽油：** 沸点 30~180℃

◎**煤油：** 沸点 170~250℃

◎**轻油：** 沸点 240~350℃

◎**重油：** 沸点 350℃

蒸馏剩下的产物为沥青，将用于铺路等。

石油的易爆性

石油具有易燃易爆性。用火一点即能燃烧，即使不直接接触火源，周围有火的情况下也会引起其燃烧，是一种十分危险的物质。若以一定比例将其与空气混合，再点火引燃的话，短时间内会爆炸，并产生大量的热量。

石油的各种化合物中，易燃易爆性最强的当属汽油。因此，为了不使汽油与其他石油产物混合，一般都会在汽油中加入着色剂。汽车用油中加入红色的着色剂，飞机用油中加入蓝色或者紫色的着色剂。

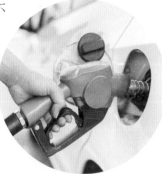

防爆剂的危害

为了不使汽油的爆炸影响引擎系统，一般会在汽油中添加防爆剂。防爆剂主要由有机铅化合物组成。然而，这种有机铅化合物有毒性，且毒性能通过呼吸或者皮肤接触进入到人体内。因此，现在已经不在汽车用汽油中添加此类化合物。

然而航空用汽油中仍然含有防爆剂。一般人接触不到此类汽油，相关的从业者则需要注意不要直接接触。由于飞机尾气的排放，导致远离大地的高空也不是干净的，以后人类终将直面这些问题。

本节重点

1 石油中含有多种化合物，根据其沸点不同，可蒸馏得到汽油、煤油、轻油、重油，剩下可用于铺路的沥青。

2 飞机用油中加有防爆剂，它是一种有机铅化合物，可通过呼吸与皮肤接触进入到体内，对大气也有污染性。

3 汽车用汽油中一般会加入红色着色剂，飞机用汽油中加入蓝色或紫色着色剂。

4 石油是十分危险的物质，具有易燃易爆性，其中易燃易爆性最强的是汽油。

气体类燃料有哪些危险性？

在人类大力发展核反应堆、持续研究太阳能的现代，燃料早已成为当今社会前进的基石。

气体燃料的种类

燃料种类有木材类的固体燃料、石油类的液体燃料、天然气类的气体燃料三大类。

气体燃料也分好几种，现代家庭用的天然气主要成分为甲烷（CH_4）。此外，曾经作为气体燃料的还有煤气（CO）、液化石油气（丙烷、丁烷等各种烷）等。

以前的城市煤气是以水煤气为主，然而水煤气里的氢气（H_2）和一氧化碳（CO）安全性较低，煤气中毒和用煤气自杀的事件频频发生，因此后来城市煤气用甲烷来代替。

气体燃料的危害性

我们野营经常使用的气体燃料为丙烷（C_3H_8），燃气打火机所使用的燃料为丁烷（C_4H_{10}）。

使用丙烷时需注意的是丙烷气体的重量要比空气更重。气体的重量是根据分子量来计算的，而分子量则是指组合成分子的所有原子的总重量。分子量中H为1，C为12，N为14，O为16。因此丙烷的分子量为 $12×3+1×8=44$，空气的分子量（氧气分子 $O_2=32$，氮气分子 $N_2=28$，两者含量比约为 1：4）为28.8，所以丙烷的分子量比空气的分子量要大。

如果丙烷钢瓶的软管泄漏，气体将沉积到下面，即使打开窗透气，丙烷气体也不会散去。这时如果有

人不小心点火吸烟，可能引发严重的爆炸事故。

另外，丁烷或含有多一个碳原子的戊烷（C_5H_{12}）类的燃料除了有易燃性之外，还有麻醉性，如吸入体内将麻痹大脑，造成意识丧失的麻醉状态。严重情况下，体内缺少氧气甚至会造成窒息死亡。

本节重点

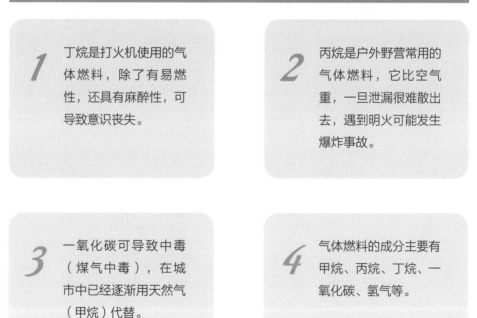

1 丁烷是打火机使用的气体燃料，除了有易燃性，还具有麻醉性，可导致意识丧失。

2 丙烷是户外野营常用的气体燃料，它比空气重，一旦泄漏很难散出去，遇到明火可能发生爆炸事故。

3 一氧化碳可导致中毒（煤气中毒），在城市中已经逐渐用天然气（甲烷）代替。

4 气体燃料的成分主要有甲烷、丙烷、丁烷、一氧化碳、氢气等。

014 宠物携带有害物或病毒吗？

宠物既是我们的朋友，又是我们的家庭成员之一。虽然与人类十分亲近，但是宠物却会携带各种病原菌到室内。

弓形虫

弓形虫是以弓形虫为原虫，通过猫来感染人的。人类中三分之一都有被感染的可能性，所以这是一种常见的病原。如果是健康的成人，被感染后只会出现普通的感冒症状。不过，如果是免疫力低下的幼儿或者是体弱多病的成人被感染，情况将严重得多，甚至能够因感染而丧失性命。孕妇若感染弓形虫有可能会致使胎儿畸形。

包虫病

此病是由北极狐、狗、猫等动物粪便中携带的棘球绦虫的卵通过饮食、水传播到人体造成的。人或者动物都有可能被感染。棘球绦虫的卵进入到体内后孵化成幼虫，寄生在肝脏形成水泡囊肿。此寄生虫会引起致命的肝功能病。

仓鼠引起的哮喘

这是仓鼠的毛发引起的过敏反应，与病毒无关。

鹦鹉热

鹦鹉热是由鹦鹉热衣原体引起的感染病。由于吸入感染鸟类的羽毛或者粪便中的菌体而感染。症状类似流行性感冒，会出现高烧（38℃以上）、肌肉酸痛、疲惫等反应，严重情况下会引起肺炎和气管炎。患者在初期接受诊断和合适的治疗后（四环素类药物）能够很好的恢复，不过当错过了合适的用药时间有可能造成人死亡。鹦鹉热衣原体不只通过鹦鹉传染，鸽子、鸡、文鸟、十姐妹以及其他野生鸟类都有可能传染此病。

猿猴B病毒传染病

此病是通过猿猴传染的病症，名字是根据世界上第一例患者——美国B博士的名字命名而成。实际上被此病毒感染的案例很少，美国至今报道的案例中仅有40例，不过其中70%的患者都因病毒性脑炎死亡，所以是一种致死率相当高的传染病。

弯曲菌中毒

此病是由家畜和宠物肠道中的弯曲杆菌引起肠炎。肠炎本身虽然问题不大，但是此细菌被疑为吉兰－巴雷综合征的主要原因。吉兰－巴雷综合征是一种能引起运动障碍的神经末梢疾病。1000名弯曲菌感染者中约1名有吉兰－巴雷综合征。

015 园艺植物有哪些对人体有害？

近来花园栽培、阳台栽培逐渐受人追捧，很多人都会选择在阳台或者室内种上各种植物。然而，作为园艺植物，不乏一些有毒的植物混杂其中。

郁金香

郁金香整株植物都包含有心脏毒素，它可能会引起人的呕吐、皮肤炎、心脏障碍等症状。郁金香中含有大量淀粉成分，有时也会用做食材，然而，能用于食材的郁金香种类十分有限，普通郁金香都是不可食用的。

曼陀罗

曼陀罗花大而美丽，深受大众喜爱。不过它也是有名的有毒植物，其植株中含有阿托品和东莨菪碱这两种毒素，若不小心误食会引起神志不清、语言失调、昏迷等症状。

紫茉莉

由于此花在午后开花，也有人称其为"four-o'clock"（下午四点钟）。植株中含有葫芦巴碱的有毒成分，不小心误食会造成腹泻、呕吐、腹痛等症状。

洋地黄

洋地黄的花冠成钟形，十分好看。整株植物都有毒性，尤其是其叶部，其含有的洋地黄毒苷是强心剂的成分，若不小心误食会引起呕吐、腹泻、心率不齐、腹痛等症状，严重情况下甚至会造成人死亡。

铃兰

虽然该花的外表清秀美丽，但却含有剧毒物质铃兰毒苷，所以在栽培、插花时一定要万分注意。曾经有人插花时不小心喝了铃兰的水而中毒的事件。铃兰的毒性成分遍布全株，尤其是花和茎干毒性最大，不小心误食将引起呕吐、腹泻等症状。

八仙花

虽然八仙花（绣球花）的毒性成分并未确定，但是可以确定是有毒的。时常会有餐馆中误把八仙花叶当做食材烹饪，从而导致客人中毒的事件。

 **害虫中需要特别当心的有哪些？**

昆虫或者小虫子中，虽然有蝉、双叉犀金龟这些可爱的、小孩子们喜欢的类型，但也存在胡蜂、赤背蜘蛛、芜菁科昆虫等能威胁人生命的剧毒昆虫类。

胡蜂

剧毒，攻击性强。毒针仅雌性胡蜂携带，不过与蜜蜂不同之处在于，胡蜂的毒针可以使用多次。胡蜂的毒液有时也会喷到空气中来发出警报，以此召集其他胡蜂一起攻击。

胡蜂分泌的毒液是由多种化合物混合而成，甚至有"鸡尾酒"的别称。特别是血清素、乙酰胆碱等神经递质，如果进入体内太多，会造成呼吸困难、心跳停止等症状，并且还会引起急性过敏反应。

芜菁科昆虫

芜菁科昆虫指的是斑蝥、四星栉芜菁类的昆虫。芜菁科昆虫的表面会呈现蓝色的金属光泽，用手碰会装死，同时腿关节会分泌黄色的液体，此液体为斑蝥素，含有毒成分。

蜘蛛

虽然我们生活周围的蜘蛛都是无毒的，不过澳大利亚的入侵物种赤背蜘蛛却是有毒的。这种蜘蛛性格较为温顺，只要不用手碰它，一般是不会咬人的，并且毒性很小，很少有赤背蜘蛛咬人致死的事件。而且现在也有治疗的抗毒血清，所以被咬后去医院治疗即可。

蜈蚣

其第一对脚被称作腭牙，牙端有毒腺口，一旦咬人就不松开，通过毒腺口分泌毒液。伤口会出现阵痛、肿大等症状，严重的甚至会引起淋巴腺炎、溃疡、皮肤坏死，不过其毒液并不致命。当被蜈蚣咬伤时不要惊慌，冷静应对即可。

蚊子

雌性蚊子会叮咬人吸血，不过在吸血之前人是感觉不到的，等到有痒的感觉时，人已经被吸过了血。蚊子携带的各种疟疾、流行性乙型脑炎有可能通过叮咬传播给人。

真的有对氰化钾
免疫的体质吗?

拉斯普京是俄罗斯帝国尼古拉二世时沙皇及皇后的宠臣。对他十分反感的大臣们欲设计暗杀他,他们邀请拉斯普京来参加晚宴,并偷偷在他的饮食中投入氰化钾。

然而,拉斯普京吃完饭却安然无事。大臣们没有办法,只好开枪射击,然而也没能杀死他,最后被众人扔到莫伊卡河的冰洞中才死去。

氰化钾是一种剧毒物质,接触皮肤的伤口或者吸入微量粉末即可中毒死亡。但是拉斯普京为何吃了大量的氰化钾仍然没事呢? 后人推测出了多种理由,其中有一种说法是拉斯普京有胃酸缺乏症,即胃酸分泌不足的疾病,所以吃进去的氰化钾并没有与胃酸反应。不过真相果真如此吗? 谁也无法知晓。

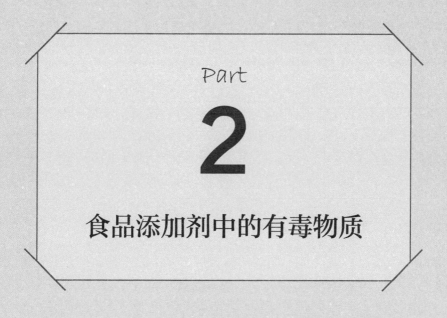

Part

2

食品添加剂中的有毒物质

吃美味的食物是一件很享受的事情。然而，我们所吃的各种食物中除了食材本身，还有各种添加剂。这些添加剂有的是为了使食物更美观，有的是为了延长食物的保质期，有的则是为了运输途中不变质。虽然添加剂使得食物更美味，保存更加方便，但是里面有些是有害人体的，所以平时需要加倍注意。

017 合成色素会引起
过敏或者肝脏疾病吗？

食品染上好看的颜色看起来会更加美味，有时候人们将食材染色仅仅是为了装饰。像这种能够给食物上色的物质称为色素，其中以化学方法合成的色素叫做合成色素。不过，鱼类、肉类、蔬菜类等必须要保持新鲜的食材中是禁止添加色素的，以免影响人们对其新鲜程度的判断。

色素的种类

色素一共有两类：一种是天然色素，如栀子的黄色色素，红花的红色色素；另一种则是化学方式合成的合成色素。

◎天然色素

栀子果实的黄色色素、红花或者紫苏叶的红色色素都为天然色素，做粥或者糕点时经常使用。另外，胭脂红是从南美仙人掌中的胭脂虫中制得。

◎合成色素

合成色素中有很多鲜亮的颜色种类，并且只用少量就可以染出好看的颜色，价格低廉，容易买到，所以在食品工业中广泛使用。

在合成色素中，"食用黄色4号"又叫柠檬黄色素，具有N=N的结构，一般被称为偶氮色素。"食用青色2号"由于和蓼蓝中提取的靛蓝色色素分子构造相同，所以被称作靛蓝色素。

色素的危害

普遍的观点是天然色素比较安全，不过，天然色素中也有危害人们健康的种类，如从茜草植物中提取的茜草色素有引起肾癌的潜在危害，2004 年已经被禁止使用。

合成色素大多数都含有苯环。苯环化合物中有一些对健康存在危害的物质需要我们格外注意。特别是像"食用青色 1 号"（亮蓝色素）、"食用黄色 4 号"（柠檬黄色素）等能引起过敏或者肝脏疾病的色素尤其需要小心。

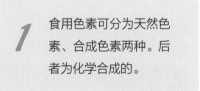

本节重点

1 食用色素可分为天然色素、合成色素两种。后者为化学合成的。

2 天然色素中也可能含有毒物质，例如从茜草中提取的色素可引起肾癌。

3 合成色素大多数含苯环，其化合物中有一些可危害健康。

4 某些合成色素食用后有可能引起过敏，或者对肝脏造成损伤。

018 食物漂白剂会造成食物中毒吗?

有一些食品越白卖相越好，看起来也更好吃，例如莲藕、干冬瓜条。让此类食品变白变好看时使用的化学物品就是漂白剂。另外，有时为了让食物染色后看起来更鲜艳，加工过程中也会提前用漂白剂漂白做底色。

漂白剂的种类和作用

食品用漂白剂和普通漂白剂一样，分为氧化漂白剂和还原漂白剂。

氧化漂白剂中具有代表性的物质有双氧水、亚铝酸钠、次氯酸钠、漂白粉等。还原漂白剂则主要有亚硫酸钠、次硫酸钠、二氧化硫等。

漂白剂除了漂白外，还有杀菌、防腐作用，亚硫酸盐类漂白剂还有防止氧化、延长食物保存期限的作用。

漂白剂的危害

氧化漂白剂中的双氧水（H_2O_2，过氧化氢）可同时作为漂白剂和杀菌剂来处理新鲜鱼类和面条的表面，达到防腐的效果。因此，此类食材在处理的时候需要用热水洗净，并充分加热。只有这样才能够使过氧化氢完全分解。

漂白粉等盐类漂白剂使用后，如果不进行分解、洗涤等程序，残留的

化合物就会十分危险。食物中残留的漂白粉会散发出和石灰相似的气味。

使用漂白剂会掩盖食材本身的味道，影响人们对食物的新鲜程度的判断。此外，使用氧化剂虽然会氧化掉食材上的脏东西，但是食材本身也会被氧化。而现阶段的科学研究还不能够确定氧化后生成的物质种类，只能够希望不要生成有害的分子。

另有报道称漂白剂有造成遗传物质DNA变异的可能性，并且有引起癌症的风险。过氧化钠（Na_2O_2）则会引起急性腹泻、循环器官疾病以及代谢疾病，在白鼠实验中也观察到了其致癌性和造成代谢障碍的危害。

本节重点

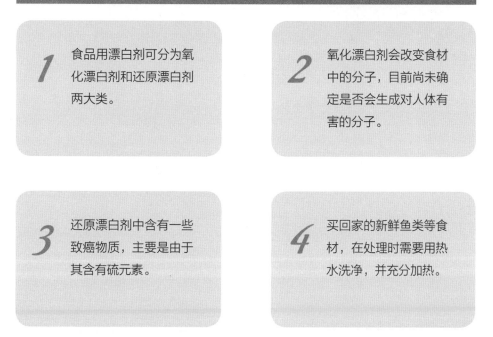

1 食品用漂白剂可分为氧化漂白剂和还原漂白剂两大类。

2 氧化漂白剂会改变食材中的分子，目前尚未确定是否会生成对人体有害的分子。

3 还原漂白剂中含有一些致癌物质，主要是由于其含有硫元素。

4 买回家的新鲜鱼类等食材，在处理时需要用热水洗净，并充分加热。

019 防腐剂对人体有害吗？

防腐剂是一种防止食物中的细菌繁殖造成腐坏的药物。防腐剂只能阻止细菌的侵入、发育和繁殖，并没有杀菌的作用。食物用的防腐剂都是以对人体无害为前提开发制造的。

防腐剂的种类

◎安息香酸

安息香酸是由一种叫做安息香的植物产生的树脂制得的，故得名安息香酸。它在适当的温度下会产生对人体有毒害作用的甲苯。安息香酸在碳酸饮料中使用较多，最大用量根据食品的种类有所不同，大约为 1 千克添加 1~3 克。

◎对羟苯甲酸

对羟苯甲酸是安息香酸的衍生物。食品中限定量约为 1 千克添加 0.01~0.25 克，化妆品中也有添加。

◎ 山梨酸

主要用于芝士、鱼类、腌制品中。限定量约为 1 千克添加 2.5~3 克。

◎ 丙酸

主要用于芝士和面包中。限定量约为 1 千克添加 2.5~3 克。

防腐剂的危害

野茉莉植株树皮的裂缝中会产生树脂。此树脂烘干后即为安息香，其中便含有安息香酸。不过安息香酸并没有特别的香味。安息香酸中含有 OH 原子团的化合物为水杨酸、对羟苯甲酸。

水杨酸及其衍生物以前作为药物被广泛使用。水杨酸是治疗鸡眼等疾病的药物，而衍生出来的阿司匹林作为解热镇痛剂广为人知。另外，水杨酸甲酯作为肌肉消炎剂也十分有名。

从分子构造上看，对羟苯甲酸和水杨酸十分相像。虽然与用量多少也有关系，但是从整体来说都是对人体会产生一定危害的。

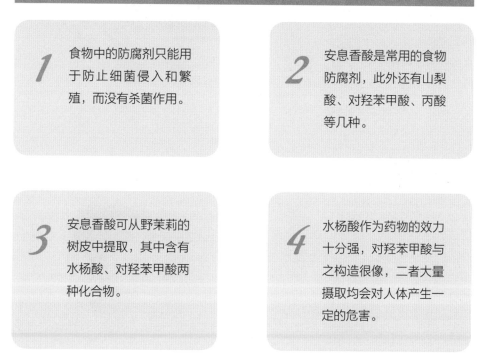

本节重点

1 食物中的防腐剂只能用于防止细菌侵入和繁殖，而没有杀菌作用。

2 安息香酸是常用的食物防腐剂，此外还有山梨酸、对羟苯甲酸、丙酸等几种。

3 安息香酸可从野茉莉的树皮中提取，其中含有水杨酸、对羟苯甲酸两种化合物。

4 水杨酸作为药物的效力十分强，对羟苯甲酸与之构造很像，二者大量摄取均会对人体产生一定的危害。

020 抗氧化剂中有对人体无害的吗？

食品长时间暴露在空气中会被氧化，从而导致构成食品的分子转化为其他的分子，最终食品的表面和风味都会变质，为了防止食物出现这种情况而添加的化合物称为抗氧化剂。其中，脱酸剂是很常见的一种。

脱酸剂的作用

食物被氧化就是构成食物的分子和氧气结合的过程。因此，为了防止食物被氧化，我们可以把食物放到密闭容器中，避免食物和空气的接触。

脱酸剂就是用这样的方式产生作用的。零食中的和干燥剂包装相似的小颗粒化合物就是脱酸剂。其中的主要成分为铁，铁具有容易和氧气结合的性质，能够先一步跟

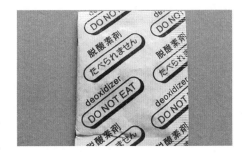

氧气结合，从而避免食物被氧化。固体型的手炉也是利用了此原理，因为铁和氧气结合能够产生大量的热能。

抗氧化剂的危害

一般来说，抗氧化剂会和食品混合，从而进入到人体。所以抗氧化剂必须是对人体无害的物质，现在普遍使用的最安全的抗氧化剂为维生素C，当它和氧气发生反应时，会生成一种无害的化合物和水。而且利用维生素C来进行氧化反应比其他物质更加容易，只要维生素C周围存在氧

气，就会立即与其发生反应，从而阻断了食品与氧气发生反应的可能性。

宠物饲料中使用的丁基羟基甲苯（BHT）和丁基羟基茴香醚（BHA）等安全性有待商榷，因此最好注意一下。

本节重点

1 抗氧化剂可以优先和空气中的氧气发生反应，从而消耗掉氧气，避免了食物被氧化。

2 脱酸剂常用于零食的抗氧化，其主要成分是铁，它具有容易与氧气结合的性质。

3 目前最安全的食品抗氧化剂是维生素C。

4 使用BHT或者BHA作为抗氧化剂的宠物饲料、化妆品等物品需要注意其安全性。

021　干燥剂放在水里真的会很危险?

烤紫菜等零食如果放在湿气大的地方就会变潮,口感也会下降。防止这类食品变潮的化合物就叫做干燥剂。

干燥剂的种类

◎ 生石灰

很早开始使用的一类干燥剂。生石灰(CaO)和水反应会生成熟石灰($Ca(OH)_2$)。因此干燥剂的作用就是与周围的水反应。另外,熟石灰也在画操场线时、给农田撒中和剂时使用,还可以作为魔芋的凝结剂使用。

◎ 硅胶

近几年来常用的干燥剂,与沙子一样是由二氧化硅(SiO_2)构成的。不过与沙子不同的是,硅胶表面多孔,表面积十分大,1克的表面积足有700平方米。如此大的表面积能够很好地吸收水分。

硅胶本身是没有颜色的,但是我们有时也会见到蓝色的硅胶。蓝色是由于其中加入了氯化钴($CoCl_2$)。氯化钴干燥的时候是蓝色的,当吸收了水分后会变成红色,所以用肉眼即可观察到氯化钴吸收的水分量。硅胶加热后,水分蒸发,吸水力又会恢复,氯化钴也会重新变回蓝色。

干燥剂的危害

生石灰价格便宜，脱水能力好，早期被大量使用。不过由于吸水后会放出大量热能，如果小孩子误食将会造成严重的烫伤事故。并且如果丢进含有水分的垃圾桶中，会有引发火灾的危险，使用时一定要注意。

氧化钙如果吸收太多的水分，就会潮解化为液态，因此最好不要在水分较多的地方使用。

本节重点

1　零食等容易受潮的食品中一般都添加有干燥剂，以防变质。

2　常用的干燥剂有生石灰和硅胶两种。

3　生石灰和水反应会生成大量的热能，误食将造成严重烫伤事故，随意丢弃有可能引发火灾。

4　硅胶通过物理作用吸水，较安全，并能通过加入具有变色作用的氯化钴来显示其吸水量。

022 合成甜味剂含有害成分吗？

　　人工合成的甜味剂统称为合成甜味剂，它们的味道可以比白糖甜几百倍。由于这种合成甜味剂的热量比白糖低很多，所以常用于减肥人士和糖尿病患者的食品中。不过，合成甜味剂中有一些成分会引起健康问题。

糖精

　　糖精的甜味是白糖的 500 倍，一度被怀疑为致癌物质，不过后来证实不会致癌。现在多用于减肥剂和牙膏中。

山梨糖醇

　　也被称为山梨醇，存在于自然界中，比如苹果蜜中就含有。不过现在主要以在葡萄糖中添加氢元素的方式制造。虽然山梨糖醇甜度仅为白糖的 60%，但其独特的甜中微清凉的口感使得其一直深受人们的喜爱。

木糖醇

存在于自然界的白桦树中。市面上的木糖醇是由化学方法合成而得的。木糖醇的特点是在口腔中残留也不会造成龋齿。木糖醇虽不会造成龋齿，也不像广告中宣传的能治疗龋齿。其甜度与白糖相当，不过热量只有白糖的40%。

甜菊糖

甜菊糖是一种从原产于巴拉圭和巴西的甜叶菊中提取出来的天然甜味剂。其甜度比白糖高200~300倍，作为新一代甜味剂一直备受人们关注。

阿斯巴甜

由两种氨基酸、苯丙氨酸、天冬氨酸制成，甜度为白糖的200倍。但是在体内分解后会产生苯丙氨酸，所以苯丙酮酸尿症患者食用会有一定危害。

三氯蔗糖

三氯蔗糖是氯化物中的一种，虽然甜度是白糖的600倍，但是在138℃以上的环境下会产生有毒气体。主要用于餐厅的饮料中。

环己基氨基磺酸钙

环己基氨基磺酸钙甜度为白糖的30倍，曾经大量使用于各类食品。不过由于大量摄取有引起内脏疾病的风险，现已被禁止使用。

023 有什么方法能避免食物中毒？

食物中毒分为两种，一种是由细菌感染引起的，另一种是误食有毒食物引起的。这里主要为大家分析的是前者。感染性食物中毒的病原菌分为细菌和病毒两种类型。

细菌型食物中毒

下面主要分析了最常见的几种细菌：

◎**副溶血性弧菌**：导致人吃海产后中毒的细菌便是副溶血性弧菌。这种细菌在海水中繁殖，平时注意用自来水洗净海产品即可避免。

◎**黄色葡萄球菌**：此细菌耐热性极强，在100℃以上加热30分钟都不会杀灭。常见于化脓的伤口处，因此手上有伤口的人最好避免参与烹饪过程。

◎**沙门氏菌**：这是一种很多动物身上携带的细菌。在生肉类和生鸡蛋上也可能存在。不过此菌耐热性低，充分加热食材即可避免中毒。

◎**肉毒杆菌**：肉毒杆菌是厌氧性细菌，常见于罐头、腌菜、瓶装罐头等密闭性环境里。被此细菌感染过的食物并不会变腐坏，因此人们很难通过味觉来感知。肉毒杆菌的毒性相当强，致死率也很高，不过现在已经研究出了血清疗法，希望以后治疗此病的成功率能大大提高。

食物中毒的常见病原菌

病原菌	病原型副溶血性弧菌	肠毒素	沙门氏菌	肉毒杆菌	诺如病毒
一般潜伏期	8~24小时	30分~6小时	12~24小时	5~72小时	24~28小时
主要症状	腹泻 腹痛 恶心 呕吐 发热	恶心 呕吐 腹泻 腹痛	腹泻 腹痛 发热 头痛 恶心	重影 吞咽困难 发声困难 呼吸困难	腹泻 腹痛
携带病原菌的物体	·海水 ·海鲜 ·被2次污染的食品	·人或动物的皮肤	·人或动物体内 ·老鼠 ·苍蝇 ·蟑螂	·其孢子在黏土、水中	·贝类
预防食物中毒的注意事项	·加热 ·器具在流水下洗净	·身上有化脓的人禁止参与烹饪	·避免吃生肉，由于沙门氏菌不耐热，充分加热即可避免	·选择新鲜食材 ·烹饪前洗干净食材 ·充分加热食材	·加热（85℃下加热1分钟以上）

病毒型食物中毒

　　病毒型食物中毒是由一种小型病毒造成的食物中毒。这种病毒最初被发现是由于美国俄亥俄州诺沃克小学发生的一起集体性胃肠炎感染事件，因此该病毒根据地名被命名为诺如病毒。

　　诺如病毒主要在贝类食物中存在，其引起的食物中毒多发于冬季。在85℃下加热1分钟即可杀灭此病毒，因此注意充分加热食物即可避免中毒。

024 适量饮酒也对身体有害吗？

酒精加工能得到乙醇，乙醇加工就可以制得酒。当我们要介绍酒的害处时，恐怕又要引起某些爱酒人士的不满了。酒中不仅仅含有乙醇，还有甲醇和乙二醇，而这些物质都具有毒性。

乙醇的危害

适量饮酒有益于身体健康。不过，如果过量饮酒，第二天就会精力不足。某些一次性过量酗酒的人，还有可能因为酒精中毒而失去性命。

乙醇的毒性在于乙醇代谢后的产物，也就是乙醇进入到人体后经过酒精氧化酶分解后产生的乙醛。乙醛再经过醛类氧化酶分解得到醋酸，最后氧化得到二氧化碳和水。

毒性主要在于乙醛。因此为了避免醉酒，体内的醛类氧化酶需尽快将乙醛分解成醋酸。然而体内此类分解酶的数量跟遗传有关系，并不是经过训练就可以增加的。因此，如果父母是酒量浅的人，体内醛类氧化酶的含量很可能不多，平时最好不要过量饮酒。

甲醇的危害

如果甲醇进入到体内，就不会只是醉酒，而是引起失明甚至死亡。其在人体内的分解过程和乙醇相似，然而生成物却不同，甲醇被氧化后生成甲醛，再进一步氧化则生成蚁酸。甲醛会使蛋白质变性，前文（参考26页）中也提到过甲醛是引发新居综合症的主要原因。蚁酸是蚂蚁的分泌物，酸性强，能刺激皮肤起泡。

甲醛在人体内分解后产生蚁酸十分危险。由于分解甲醛的氧化酶在眼睛周围分布较多，一旦误食甲醛，眼睛首当其冲，轻则失明，重则危及性命。因此，甲醇已被归入有毒物质。

本节重点

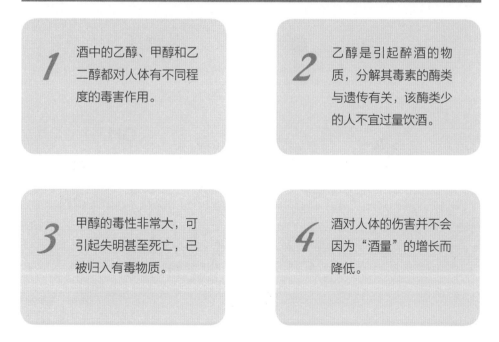

1 酒中的乙醇、甲醇和乙二醇都对人体有不同程度的毒害作用。

2 乙醇是引起醉酒的物质，分解其毒素的酶类与遗传有关，该酶类少的人不宜过量饮酒。

3 甲醇的毒性非常大，可引起失明甚至死亡，已被归入有毒物质。

4 酒对人体的伤害并不会因为"酒量"的增长而降低。

胆固醇越高，身体越差吗？

胆固醇具有类固醇的结构，是人体必不可少的物质。它作为细胞膜结构物质之一，在人体中大量存在着。此外，胆固醇也是液晶的材料之一，胆固醇液晶由于其特有的性质，在工业中有着十分重要的地位。

胆固醇的构造

胆固醇是以醋酸为原料，在生物体内合成的物质。在胆固醇的分子结构中，由三个六角形、一个五角形、一个羧基构成的结构被称作"类固醇结构"。

天然物质中也有很多是类固醇结构的，如人体内的微量物质、维生素 D 以及各种性荷尔蒙等。这些物质都是以胆固醇为原料而合成的。

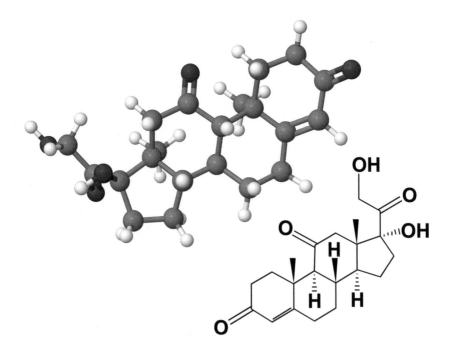

"好胆固醇"和"坏胆固醇"的作用

胆固醇在众人眼里一直是毁誉参半的，其沉积在动脉造成动脉硬化的原因一直被人们诟病。不过，胆固醇在血管中移动的时候能和蛋白质结合，生成一种复合体，这种复合体根据蛋白质的种类不同而分为三种，分别为 VLDL、LDL、HDL。其中引起动脉硬化的主要为 LDL，VLDL 并没有此类影响，而HDL 有抑制动脉硬化的作用。因此，LDL 被人们称作"坏胆固醇"，HDL 则被人们称作"好胆固醇"。总而言之，胆固醇虽然是我们身体所必需的物质，但过量摄取也会对身体造成一定危害。

本节重点

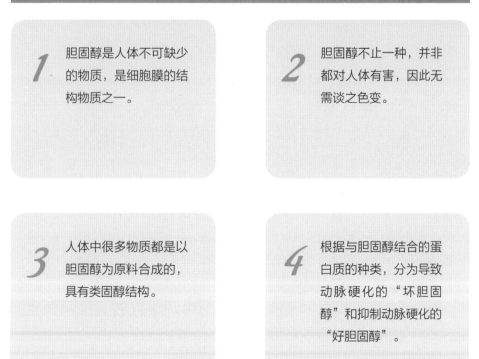

1 胆固醇是人体不可缺少的物质，是细胞膜的结构物质之一。

2 胆固醇不止一种，并非都对人体有害，因此无需谈之色变。

3 人体中很多物质都是以胆固醇为原料合成的，具有类固醇结构。

4 根据与胆固醇结合的蛋白质的种类，分为导致动脉硬化的"坏胆固醇"和抑制动脉硬化的"好胆固醇"。

026 酸性、碱性食品摄取不平衡对身体有影响吗？

食品可以分为酸性食品和碱性食品。梅子酱虽然吃起来是酸的，不过它却是碱性食品。肉类吃起来虽然既不酸也不辣，但它却是酸性食品。这到底是为什么呢？

事实上，食品的酸性和碱性并不取决于食品本身，而是指的食物经人体代谢之后生成物的水溶液的性质。

碱性食品

梅子酱主要是由碳（C）、氢（H）、氧（O）组成的，代谢后的产物为二氧化碳和水。水是中性的，不过当二氧化碳溶于水后会生成碳酸（H_2CO_3），呈弱酸性。其余的东西为矿物质类，即金属类的氧化物，主要有氧化钠（Na_2O）、氧化钾（K_2O）等。这些物质溶于水后生成氢氧化钠（NaOH）、氢氧化钾（KOH）类的强碱。所以最终的水溶液呈现碱性。其他的食品也均是以此方法来鉴定酸碱性的。

酸性食品

动物性食品的主要构成是蛋白质，蛋白质的构成元素为硫（S）、氮（N）。当这两种元素被氧化后会生成硫化物（SO_X）和氮化物（NO_X），溶于水后生成硫酸（H_2SO_4）、硝酸（HNO_3）这类强酸。因此动物类的食品均被归为酸性食品。

酸性食品、碱性食品摄取不平衡的危害

酸性和碱性食品本身并不存在什么危害性，真的非要说有什么危害的话，那就是不要过于偏食其中的某一类，只吃酸性食品或者只吃碱性食品都是不好的。

曾经有过碱性食品比酸性食品更健康的说法，不过我们建议不要执着于好与不好，平均和适量才是最重要的。

027 食物中有致癌物质吗？

癌症可由多种原因引起，其中一种原因就是食用了将正常细胞变成癌细胞的致癌物质。

致癌因子

掌管着遗传信息的物质是 DNA，它具有双链结构，能进行分裂和复制。但是，细胞的 DNA 一旦发生变异，就会导致自身分裂和增殖异常，最终引发癌症。而致癌因子就是能够损伤细胞中遗传物质的因子，包括以下两种：

> ◎**致癌物质（触发因素）：** 只有当细胞中积累到了一定量的受损 DNA 时，才会变异成癌细胞，我们把能造成 DNA 受损的物质称作致癌物质。

> ◎**启动子（促进因素）：** 在以上过程中，细胞是否变成癌细胞并不能够确认。只有触发了启动子后癌症才会发病。

致癌物质

国际癌症研究机构（IARC）制作了一个致癌物质名单。上面清楚地列出了 100 种一级致癌物质、300 多种二级致癌物质等。

众所周知，沥青是一种强致癌物质，里面含有的 3,4- 苯并芘是导致皮肤癌、肺癌、胃癌和食道癌的主要原因，因此切勿食用使用沥青脱毛的家禽。另外，发霉的花生中也含有一种强致癌的剧毒物质——黄曲霉毒素，需要在 280℃的高温下才能使其失去毒性，因此不要食用发霉的花生。

河鲀和乌头花
一起食用会怎样?

1986年,日本曾有一名男子将这两种物质一起给妻子服用。他的妻子随后死亡,而这名男子获得了一笔巨额的保险金。不过后来事情败露,男子被逮捕。男子自曝这是第三次作案了,之前的两名妻子也是他用同样的方法杀害的。此起河鲀乌头花杀人事件一时轰动了整个社会。

男子为什么将这两种食材混合在一起给妻子吃呢?这是为了制造不在场证明。因为河鲀和乌头花都含有神经毒素,但是两种毒素的作用是完全相反的,一种是阻断神经兴奋膜上的钠离子通道,另一种则是增强钠离子的通过。

两种一起吃下后会发生什么呢?两种毒素互相抵消,而剩下的毒素将在体内扩散。因此,从食用到病发需要一定的时间,这就足够男子制造不在场证明。

男子最终被判处无期徒刑,如果没有他的自白,真相就不可能完全浮出水面,但光是此事件的性质就足够让人毛骨悚然。

 +  = ?

河鲀　　　　　　　乌头花

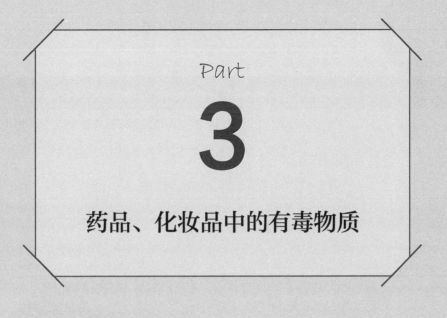

Part

3

药品、化妆品中的有毒物质

　　随着科技的发达，通过服用少量药物就可以治疗疾病，帮助伤口快速愈合，还可以缓解痛症，真是像"黑魔法"一样的物质。不过，误食或过量服用药物也会造成生命危险，平时务必要牢记"是药三分毒"这一点。除了药物之外，染发剂、脱毛剂、防晒霜等化妆品中是否也存在有毒物质呢？

吃药时需注意哪些问题？

药物是一项伟大的发明。退热、镇痛、治病样样都可以，如同对人类亲切又仁慈的女神一般。然而，药物也有让人害怕的一面。中药中的乌头花含有强心剂中十分重要的成分，不过它本身其实是有毒的。日本的阿依努族人在狩猎时，弓箭的箭头处涂的毒药就是用乌头花制作的。

药物都有一个适当的服用量，例如大人2片，10岁以下幼儿1片等。这样的规定说明了超过量即可对人造成危害，换句话说，药超过了一定量就会变成毒药。

药物的阈值

药物吃太少了没有作用，所以一定要服用到一定量。我们把为了使药物产生效果而要求服用的最少量称为药物的阈值。药物若是服用过量，又会产生其他的副作用，我们把出现副作用所需药物的最少量称作副作用的阈值。

这两个阈值如果相隔较远的话，人们误食了大量的药物也不会出现危险，这样的药被称为安全的药。然而，如果一种药物的这两个阈值相隔得较近，人不小心多服用了一点，就会产生副作用，那么这样的药被称作危险的药。

药物的危害

一般来说，大量服用药物都会对身体有一定影响，有些情况下甚至会危及生命。不过有时候，即使患者知道抗癌的药物副作用大，却也不得不一直吃下去，此类药物的两个阈值离得就比较近。

我们要时刻认识到药物的危害性。能忍耐的话就最好不要吃药，并且要养成不依靠药物生活的习惯。

本节重点

1　药物的起效阈值和副作用阈值两个数值相差越大，药物越安全；反之，两个阈值越相近，药物越危险。

2　用药量具有双重性：服用量太少不起作用，服用量太大有副作用。

3　每种药物都有一个适当的服用量，过量用药对身体有危害。

4　尽量让自己不依赖药物，如必须用药，则一定要遵医嘱。

029 达菲和瑞乐砂有严重的副作用吗？

感冒药是最常见的药品之一。每家制药公司都会生产各种不同的感冒药。

扑热息痛

扑热息痛是几乎所有的感冒药都含有的一种成分。

扑热息痛具有清热镇痛的功效，一般用于治疗发热、头痛的药物中。另一种具有同样功效的阿司匹林比扑热息痛多了消炎的作用。

如果按照规定服用的话，扑热息痛是不会给肠胃造成负担的，也没有使人兴奋或者瞌睡的副作用，更不会有麻药那样的成瘾效果。阿司匹林哮喘患者服用扑热息痛不会出现哮喘情况。

由于安全性高，扑热息痛也经常被用来治疗流感。不过它与普通的药物一样，大量服用会导致呕吐、恶心、血小板和白血球减少，还有可能引发健康问题。与酒同时服用会出现危险，严重情况下甚至能致人死亡。

达菲、瑞乐砂

达菲和瑞乐砂虽然一直都是流感的特效药，不过对其副作用的担忧一直不断。

达菲能够阻止流感病毒从已被感染的细胞中出来，因此病毒就只能在被感染的细胞内存在，而不会出来进一步扩散。瑞乐砂的作用原理与达菲相同。

之前有人多次提出达菲会造成儿童行为异常的观点，后来经查证，儿童的异常行为并不是由达菲引起，而是流感本身引起的。尽管如此，关于其严重副作用的相关报道却一直层出不穷。

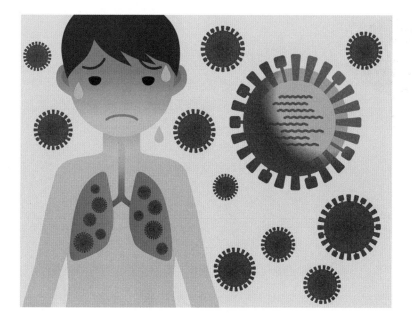

本节重点

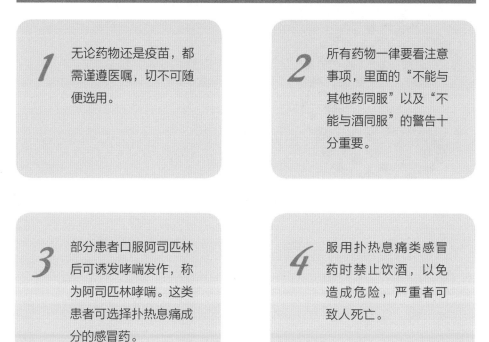

1 无论药物还是疫苗，都需谨遵医嘱，切不可随便选用。

2 所有药物一律要看注意事项，里面的"不能与其他药同服"以及"不能与酒同服"的警告十分重要。

3 部分患者口服阿司匹林后可诱发哮喘发作，称为阿司匹林哮喘。这类患者可选择扑热息痛成分的感冒药。

4 服用扑热息痛类感冒药时禁止饮酒，以免造成危险，严重者可致人死亡。

030 类固醇的副作用有哪些？

类固醇指的是有碳元素构成的特殊结构的一类化合物。此类物质在自然界广泛存在,很多天然物质中都含有此种结构(参考50页)。

然而,我们通常所说的类固醇,其实只是指肾上腺皮质激素,就是肾上腺分泌的具有类固醇结构的一种激素。

类固醇的作用

肾上腺皮质激素能够抑制各种炎症,并且抑制过敏反应,同时也会减弱身体的免疫功能。因此,很多治疗过敏性皮炎的膏药中都含有此物质。

类固醇还用于治疗原因不明的狼疮,如红斑狼疮(SLE)。此病是由于免疫系统将身体当做外侵物质进行攻击而引发免疫系统疾病,属于胶原病的一种。

类固醇的副作用

类固醇最大的危害就在于其副作用。类固醇在治疗皮肤炎时会出现皮肤外观改变、反弹的副作用。某些类固醇类药膏涂抹在皮肤后会造成血管突出、皮肤变薄的症状,这是类固醇的抗免疫性造成的。皮肤的免疫力降低后,外部细胞感染就更加容易。不过这种状况可以用抗生素治疗。

反弹是指停止使用类固醇后，病状反而比使用之前更加糟糕的现象。当长时间服用类固醇类药物或者注射类固醇时会出现这种副作用。不过在外用时，由于被身体吸收的较少，所以一般不会出现反弹作用。

红斑狼疮的治疗过程中，还会出现月亮脸的副作用。这是由于激素导致皮下脂肪增加的缘故，当停止使用后，这种状况就会消失。不过，很多红斑狼疮的患者都需要长时间大量服用类固醇类药物，因此会出现骨质疏松等更加严重的副作用。

本节重点

1 类固醇是一类具有特殊结构的化合物，医药领域中所说的类固醇单指肾上腺皮质激素。

2 类固醇的作用是抑制炎症和过敏反应，其副作用主要是使身体的免疫功能降低。

3 停止服用或注射类固醇后，会出现反弹现象，即病状反而比使用之前更加糟糕。

4 红斑狼疮（SLE）患者长期大量服用类固醇药物，会出现月亮脸、骨质疏松等副作用。

031 沙利度胺会造成
胎儿畸形吗？

1962 年一则新闻轰动世界。即德国制药公司格兰泰终止对沙利度胺药品的开发、制造和销售。此药曾经被人指责其副作用大，后来德国化学会正式指出此药的副作用。一周后，此药迅速被停止制造。

沙利度胺的危害

沙利度胺能造成婴儿海豹肢症。妊娠初期的妇女服用沙利度胺后会产下四肢畸形的婴儿。此药受害者已经超过了 3900 名，其中还包含了流产女性。

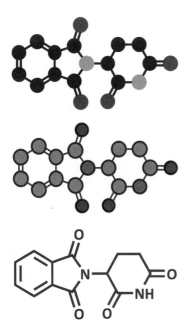

沙利度胺的构造

沙利度胺的分子构造中，与碳元素结合的四个原子团均不相同，像这样的构造一般被称作不对称碳原子。另外，分子结构中如果存在不对称碳原子的话，此物质必然是旋光性的。沙利度胺的旋光异构体有很好的催眠效果，但是沙利度胺却有致婴儿畸形的作用。

沙利度胺的作用

沙利度胺因其骇人的副作用已被叫停制造。不过在沙利度胺的后续研究中，有人又有了新的发现，它对于风湿、麻风病、癌症等有着很好的药效。有人推测是由于沙利度胺能影响细胞分裂的能力，其抑制胎儿细胞分裂的效果也能够作用于癌细胞。现在，沙利度胺在严格的监控下已被允许给患者服用。

本节重点

1 沙利度胺堪称"一半天使、一半魔鬼"，最初作为镇静剂和止痛剂，主要用于治疗妊娠恶心、呕吐，但后来发现可导致胎儿四肢畸形。

2 沙利度胺的旋光异构体是很好的安眠药，而它本身作为药物却有极大的副作用。

3 科学家并未全盘否定沙利度胺，继续对它进行深入研究，发现其有多种药效。

4 目前，沙利度胺被允许在严格的监控下给患者服用。

032 奎诺仿真的很可怕吗？

1967 年日本出现了一种奇怪的疾病。人们会突然感到腹痛，腿部神经麻痹无知觉，严重的情况下甚至会失明。据统计当时感染此病的人数超过了 1 万名。

造成视神经脊髓炎的奎诺仿

当时不明原因的怪病，人们取其症状的英文名首字母，将其命名为 SMON。虽然病毒也占一小部分原因，不过主要元凶却是当时的一种称作奎诺仿的止泻药。

患者们纷纷诉讼制药厂，造成了一起颇为有名的大规模诉讼事件，直到 1991 年双方才进行和解，制药厂一共补偿了 6470 名患者，补偿金额高达 1430 亿日元。

后来，奎诺仿却再次登上历史舞台，因为其治疗阿尔茨海默氏病十分有效。至于它的副作用，人们也找出了原因，由于奎诺仿能破坏体内的维生素 B_{12}，从而导致了神经脊髓炎症。解决方案十分简单，只要服用奎诺仿时一起服用维生素 B_{12} 即可。

3价金属阳离子

维生素 B_{12} 的构造十分复杂。美国化学家伍德沃德由于人工合成维生素 B_{12} 而获得了 1965 年的诺贝尔化学奖，他也被人们盛赞为"能合成世界上最复杂化合物的化学家"。

维生素 B_{12} 最大的特点就是分子内含有金属元素钴。此金属元素钴以 3 价阳离子 Co^{3+} 的形式存在。奎诺仿破坏维生素 B_{12} 的原因可能在于其使 3 价金属阳离子 Co^{3+} 脱离化合物外。

有人正在进行更深层次的调查，研究阿尔茨海默氏病是否是由维生素 B_{12} 中的金属阳离子 Co^{3+} 造成的。也许在不远的未来，人们能够完全治好阿尔茨海默氏病患者，让我们共同期待吧。

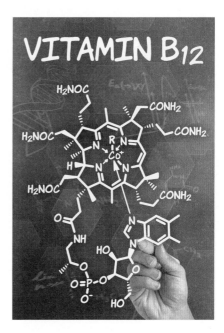

本节重点

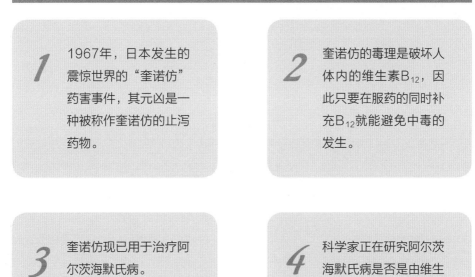

1 1967年，日本发生的震惊世界的"奎诺仿"药害事件，其元凶是一种被称作奎诺仿的止泻药物。

2 奎诺仿的毒理是破坏人体内的维生素B_{12}，因此只要在服药的同时补充B_{12}就能避免中毒的发生。

3 奎诺仿现已用于治疗阿尔茨海默氏病。

4 科学家正在研究阿尔茨海默氏病是否是由维生素B_{12}中的金属阳离子Co^{3+}造成的。

033 抗癌药物为什么有严重的副作用?

预防以及治疗癌症的化学物质统一称作抗癌药物。不过由于至今还没有发现一种治疗癌症的特效药,因此医疗上仍然用多种药物共同作用来治疗癌症。

抗癌药物的种类

◎四环素抑制剂

癌症细胞和普通细胞一样持续分解增殖。细胞分裂从 DNA 分裂开始,而这一过程中起关键作用的酶称为聚合酶(polymerase)。四环素抑制剂的功能就是抑制聚合酶的活性,从而抑制 DNA 的分裂,最终起到抑制癌细胞增殖的作用。四环素抗生素和丝裂霉素 C 主要以上文所述的方式来治疗癌症。

◎烷化剂

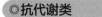

此药物能使二重螺旋结构的 DNA 分子链牢牢结合在一起,所以,DNA 分子链无法断开分裂,从而导致癌细胞无法分裂增殖。

◎抗代谢类

DNA 是一种天然高分子物,由 A、T、C、G 四种基本单位构成。假设把 DNA 分裂复制中的一个基本单位 A,替换成相似的 A',那么就会生成一个新的含有 A' 的 DNA 类似物,不过没有 DNA 的功能,因此也能够达到防止癌细胞增殖的效果。

抗癌剂的危害性

前文我们一起探讨了抗癌药物抑制癌细胞分裂和增殖的作用，不过抗癌药物的缺点在于其不能够识别正常细胞和癌细胞，没有靶向性。

抗癌药物在对抗癌细胞的同时，也会影响到正常细胞，若是抗癌药物杀死了 1 万个癌细胞，那它同时也会杀死 1 万个正常细胞，这就是抗癌药物的副作用和危害性。

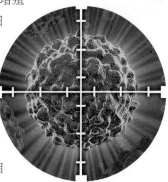

为了减少此类副作用，现在有定向在癌症部位进行治疗的 DDS（drug delivery systerm）研究，相信在不久的将来就可以适用于抗癌药物当中。

本节重点

1 目前没有任何一种癌症特效药，而是用多种药物共同作用进行治疗。

2 抗癌药可分为四环素抑制剂、烷化剂、抗代谢类三种，其作用原理均为阻断癌细胞的DNA分裂增殖。

3 由于现今所有的抗癌药物都是无差别攻击癌细胞和正常细胞，其副作用十分大。

4 科学家正在进行新的研究，有望减少抗癌药的副作用。

034 抗UV的化妆品会伤皮肤吗?

紫外线是阳光中的一部分光线,波长比可视光线的波长更短(参考 14 页)。光的能量与波长成反比,因此,紫外线的能量较高,是对人体有害的光线。抗 UV 的化妆品就是指的抗紫外线化妆品。

紫外线的种类和伤害

我们把波长长的紫外线(靠近可视光的那部分)叫做近紫外线,波长短的紫外线叫做远紫外线。远紫外线由于波长短,其携带的能量十分高。按照波长从长到短的方式排列可以分成 UV-A、UV-B、UV-C 这几种(UV 指紫外线)。其中 UV-C 是携带能量最高的一种。

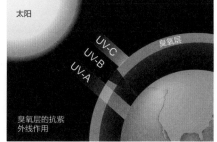

UV-A、UV-B、UV-C 这三种光线都会照到地球上,不过 UV-B 和 UV-C 被地球上空的臭氧层吸收,真正到达地球的只有 UV-A 这种紫外线。

UV-B 紫外线虽然携带能量高,但是波长却短,照射到皮肤后会首先造成皮肤表面轻微烧伤(日光灼伤)。与此相反的 UV-A 紫外线虽然能量不如 UV-B,但是它的波长较长,能够到达皮肤内部,造成长期伤害。

抗UV化妆品

抗 UV 化妆品的效果分为 PA 和 SPF 两种。PA 主要是帮助抵抗 UV-A,PA 按效果强弱分为 +、++、+++ 三种。+ 越多,效果越大。

SPF 指的是皮肤抵挡紫外线的时间倍数,假设一个人照射太阳光 10 分钟后会引起日光灼伤,那么涂上 SPF 为 10 的防晒霜

后，其抵抗日光灼伤的时间将会延长 10 倍，也就是说，被阳光照射 100 分钟以上才会引起日光灼伤。防晒霜最高的 SPF 值为 50，然而，由于系数较高，对皮肤也会有一定程度的损伤。

抗 UV 化妆品的主要成分为二氧化钛（TiO_2，可散射 UV-B）、二氧化锌（ZnO_2，可散射 UV-A），除此之外，还含有水杨酸苯基和对氨基苯甲酸酯等有机物。一般情况下，有机物由于会吸收太阳光，所以会对皮肤造成刺激以及其他副作用。

本节重点

1 紫外线按照能量高低可分为UV-A、UV-B、UV-C，其中只有UV-A能到达地球。但在臭氧层空洞的情况下，UV-B也可能到达地球。

2 抗UV化妆品的PA指数是抵抗UV-A的能力，+越多，效果越大；SPF是抵抗紫外线的时长，数值越高防晒时间越长，但对皮肤的损伤也越大，需谨慎选择。

3 UV-B可造成皮肤表面轻微灼伤；UV-A则能到达皮肤内部，造成长期伤害。

4 防晒霜中一般会添加有机物，这些有机物对皮肤有一定的刺激和伤害作用。

035

染发剂为什么会使人过敏？

我们把能使头发变色的药物统一称为染发产品，根据其使用的色素，又可分为染发膏和染发剂两种。染发膏主要使用酸性色素，这种物质相当于化妆品，不会损伤头发，不过它的缺点是维持时间短。染发剂使用的也是酸性色素，不过它却被归类到医药品类，它不溶于水，染发后头发颜色较鲜艳，而且不会被洗发水洗掉。另外，我们把去掉头发本身颜色的药物称为漂发剂（漂白剂）。

染发剂

染发剂和染发膏中，染发剂持续时间更长。用染发剂之前需要先给头发漂色。漂发剂使头发中的黑色素分解而褪色，其主要成分为双氧水（H_2O_2）。有时候为了保证脱色效果，也会在其中添加帮助氧化的化学物质硫酸（H_2SO_4）。

染发剂的主要成分是苯二胺。如果在染发剂中混入双氧水，就可以在给头发脱色的同时进行染色。但头发脱色后再上色能够使染出来的颜色更加鲜艳好看。

不同的染发剂使用的原料也有不同，有的染发剂用对氨基苯酚代替苯二胺，有的染发剂则两者混合使用。差别只是在于两者的比例不同而已。

染发膏为暂时性的头发染色产品，比起氧化性染发剂，染发膏更不容易致人过敏，不过，由于其效用不强，洗头的时候容易将颜色洗掉。

染发剂的危害

苯二胺和对氨基苯酚均会导致人体过敏，尤其是苯二胺，超过10克的量就可能致人死亡，是一种毒性十分强的化学物质。由于染发剂中还添加了碱性的氨气，因此碱性十分强，用在头发上也会强烈地损伤发质。

几乎有一半的染发剂会引起人皮肤过敏。并且染发剂若不慎进入眼睛，也有极大可能引起角膜炎，甚至有人因为染发剂误入眼睛而失明。所以在使用前一定要熟知注意事项。

本节重点

1 能染发的产品可分为染发膏和染发剂两种，其中染发剂效果较好，危害也较大。

2 使用染发剂之前，要先用漂发剂给头发褪色，其主要成分是双氧水和硫酸。

3 无论哪种染发剂，都加入了苯二胺或者对氨基苯酚，这两种物质都能引起人皮肤过敏，过量使用还可致癌。

4 染发剂的碱性十分强，使用时一定要小心，切勿接触到眼睛。

036

脱毛剂会引起甲状腺功能低下和肝功能障碍？

托尔斯泰的《战争与和平》中的重要主人公安德烈公爵，虽然长着小胡子，但却是一位十分英俊可爱的人物。但是不知道为什么，女性身上如果有明显的汗毛，就会得到一些负面的评价。因此出现了各式各样的脱毛法。

现在脱毛方法主要分为两种，一种是用镊子夹或者用胶带粘的方式，另一种则是使用化学物质切断毛发纤维达到脱毛目的。

脱毛剂的成分

毛发主要是由半胱氨酸（一种氨基酸）组合成的蛋白质构成，碱性的药物作为还原剂可以破坏头发的化学结构，使毛发分解，从毛孔中脱落出来。

巯基乙酸钠（$C_2H_3NaO_2S$）常被用作脱毛剂成分。从 1940 年开始，巯基乙酸钠一直用于化学冷烫液的配制。此外硫化锶（SrS）、硫酸钡（$BaSO_4$）等化合物也被用于脱毛剂中。不过钡盐类化合物由于具有一定毒性，现在已经不用在脱毛剂中了。

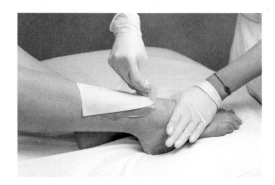

脱毛剂中还会配合使用硫脲、硅酸钠等催化剂来促进巯基乙酸钠的反应。另外，有些脱毛剂中除了含有巯基乙酸钠，还含有十六烷醇、丙二醇、月桂基硫酸钠等成分。

脱毛剂的危害

从成分来看，脱毛剂中的硫脲由于难分解，排放到环境中会残留在藻类中。若是人类误食了硫脲，会产生甲状腺功能低下，身体机能突然变弱的情况，而丙二醇则有造成人体肾功能障碍和肝功能障碍的危险。

月桂基硫酸钠和洗涤剂一样同属于表面活性剂（参考 4 页），由于会去掉皮肤表面的皮脂，所以容易引起皮肤或者眼睛的炎症，万一不慎入眼，一定要用大量清水冲洗干净。

本节重点

1 脱毛剂的主要成分是巯基乙酸钠，此外会添加硫脲等成分作为反应加速剂。

2 硫脲可导致环境污染，并且一旦通过环境富集到人体内，会导致甲状腺功能低下。

3 脱毛剂中的丙二醇、十六烷醇有造成人体肾功能障碍、肝功能障碍的危险。

4 月桂基硫酸钠可导致皮肤损伤及眼睛炎症，使用脱毛剂时要小心切勿入眼。

037 减肥药中隐藏着哪些危险成分？

人们的审美会随着时间而变化。从文艺复兴以来，各个名画中的美女都十分丰满匀称，而现在对美人的基本要求就是要瘦，要苗条。就连玛丽莲·梦露也是减了20千克体重才被星探挖掘而成名的。

为了达到减肥的目的，各种减肥药如雨后春笋一般冒出来，然而减肥药真的对人体安全无害吗？2002年某国产减肥药因为含有N-亚硝基-氟苯丙胺造成了几人死亡。

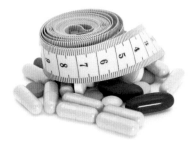

利尿剂的危害

一般来说，减肥药为了消除浮肿，会添加利尿剂，也就是一种叫做利尿磺胺的药物。虽然这种药物本来就可用于医药品，没有毒性，但是如果与洋地黄这类强心药物一起使用的话，可能会造成血钾不足。血钾不足时会出现血压上升、心律不齐的症状，严重时甚至会造成肌肉痉挛，威胁生命。

利尿剂如果在医生的确认和指导下给患者服用，可以不用担心有什么危险。但是如果只是为了减肥，而不了解成分胡乱吃各种减肥药，就有可能造成各种预想不到的危险。因此，买减肥药吃一定要十分谨慎。身体浮肿是内脏异常导致的症状，所以当身体出现浮肿时，不要胡乱吃减肥药，而应该去医院接受专业治疗。

甜味剂的危害

和减肥相关的另一种物质是甜味剂。食品行业中有一种叫做三氯蔗糖的人工甜味剂，它常被使用于各种饮料当中，不过市面上并没有单独销售三氯蔗糖的。由于其甜度为蔗糖的 600 倍，所以只用很少的量就能符合人们的味觉要求，因此也被称作低卡甜味剂。

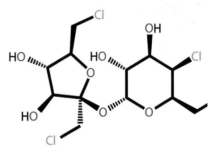

问题在于三氯蔗糖的构造，拥有这种构造的物质属于"有机盐化合物"。而在有机盐化合物中，DDT、BHC、PCB、二噁英等类都给人们造成了潜在的巨大危害。所以这一次，谁也不知道三氯蔗糖会不会也出现类似的情况。

本节重点

1 减肥药的安全性一直备受质疑，其危险主要集中在利尿剂和甜味剂两种成分。

2 利尿磺胺需要在医生的指导下使用，它与治疗心脏病的药一起用会造成危险。

3 将蔗糖分子中的OH置换成Cl即可得到三氯蔗糖，它是减肥药中常用的甜味剂。

4 与三氯蔗糖同属有机盐化合物的DDT（滴滴涕）、BHC（六六六）、PCB（多氯联苯）、二噁英都是剧毒物质。

038 环境激素是否还值得
我们担心？

环境激素的正式名字为"干扰生物体内分泌的化学物质"。2003 年日本政府正式将其定义为"由于外因影响生物体内分泌，使其身体出现功能障碍的化学物质"。

这种环境激素会影响近水生活的两栖类动物，如鳄鱼等，会使其由雄性转化为雌性，并有可能造成其生殖行为异常。

环境激素的种类

环境激素一词是由 1996 年美国动物学家达玛诺斯基所著书《被夺去的未来》中首先提出的。此书中提出了人们排放到环境中的二噁英、PCB、双酚 A、邻苯二甲酸酯，以及作为船底涂料的 TBT 等可能是动物各种异常现象的原因。

这样的物质大约有 70 种被分类到环境激素中。各舆论中甚至出现了环境激素将导致人类灭亡的极端性观点。

然而，鱼的性行为受水温和雌雄比例影响，环境中的一点影响都会影响到它们。所以有人就对环境激素影响生物的说法持怀疑态度。有些报道则认为雄性动物雌性化是人们下水道中排出的雌性激素造成的。另外，由于人口的爆发式增长，人类的性激素也是有可能会影响到动物的。

环境激素的危害

有几种化学物质是可以确定是有毒的，例如2008年的某份研究报告中指出，双酚 A 将对孕妇和婴幼儿造成不良影响，其后续研究也在陆续进行着。另外还有观点认为，玉米等谷物中生出的霉菌里含有的玉米烯酮也有可能是环境激素。

环境激素问题正越来越不容忽视，有些人将环境激素问题看得十分严重，有些人则觉得环境激素是无稽之谈，我们应该理性看待环境激素问题，但是绝不能忽视它。

对于环境激素问题，我们每个人不应该被媒体的各种标题和观点扰乱，而应该坐下来静静思考事情的本质是什么。

本节重点

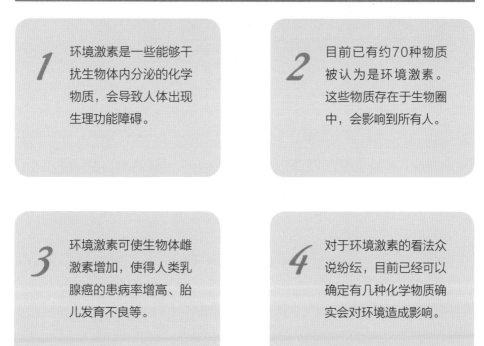

1 环境激素是一些能够干扰生物体内分泌的化学物质，会导致人体出现生理功能障碍。

2 目前已有约70种物质被认为是环境激素。这些物质存在于生物圈中，会影响到所有人。

3 环境激素可使生物体雌激素增加，使得人类乳腺癌的患病率增高、胎儿发育不良等。

4 对于环境激素的看法众说纷纭，目前已经可以确定有几种化学物质确实会对环境造成影响。

039 杀菌剂对人体也有影响吗？

杀菌剂指的是杀死病原菌或者抑制病原菌繁殖的药物。通常我们一般把药性稍弱于杀菌剂的物质称为消毒剂。消毒剂能够杀死皮肤上的各种病菌。

杀菌剂的种类

◎碘-131

最具代表性的碘-131是由碘酊和碘化钾混合而成的酒精溶液，又叫碘酒，俗称"紫药水"。它是利用了碘的杀菌作用。此外，同样以碘为有效成分但以水为溶媒的被称为"碘伏"。

◎汞溴红

是一种含红汞的红色药物，俗称"红药水"。它是利用了汞的消毒作用。

◎双氧水

3%的双氧水溶液也被称作oxyful或者oxydol。它是利用了双氧水中氧气的杀菌作用。

◎利凡诺

是一种用于杀菌纸巾和创可贴上的黄绿色药物。一般用浓度为2%的水溶液。

消毒剂的种类

❶ **戊二醛：** 具有极强的消毒功效，能够杀灭病原菌。不能用于人体。

❷ **乙醇：** 主要在打针时消毒皮肤使用。

❸ 逆化皂：普通肥皂分子的水溶性部分一般为带负电的离子，然而逆化皂的水溶性部分却带正电。由于和普通肥皂带的离子性质相反，因此被称为逆化皂。

杀菌剂的危害

由于杀菌剂能够杀死活着的细菌，所以对同样作为生物体的人类也会造成一定影响。汞溴红由于会造成人汞中毒，现已被停止生产。戊二醛对眼睛、皮肤等人体器官会造成强烈刺激作用，有可能会引起哮喘。

双氧水作为杀菌剂使用时虽然没有太大问题，但是不小心误食的话，有可能成为致癌物质，使用时一定要注意。

本节重点

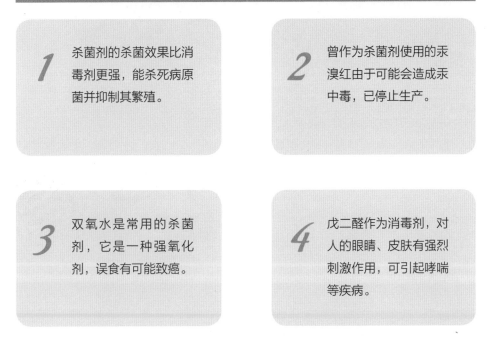

1 杀菌剂的杀菌效果比消毒剂更强，能杀死病原菌并抑制其繁殖。

2 曾作为杀菌剂使用的汞溴红由于可能会造成汞中毒，已停止生产。

3 双氧水是常用的杀菌剂，它是一种强氧化剂，误食有可能致癌。

4 戊二醛作为消毒剂，对人的眼睛、皮肤有强烈刺激作用，可引起哮喘等疾病。

040 螯合物中有哪些陷阱?

我们一般把帮助身体排出残留废物和毒素的疗法叫做解毒。由于毒素一般堆积在人体的脂肪中，解毒时会使人体脂肪随毒素一起排出，因此有人认为解毒对人也有减肥效果。不过对于解毒是否真的能减肥这一点，医学上暂时没有给出明确的证据来证明。

解毒的主要对象有几个，包括 PCB（多氯联苯）、二噁英等。其中，膳食纤维对体内毒素的排出有促进作用。实际上利用膳食纤维解毒的方法也曾被用于多氯联苯中毒事件中（参考 168 页）。

现在为大家介绍汞、铅、镉等重金属中毒时的解毒法。这些重金属是造成痛痛病、水俣病等疾病的主要原因（参考 136、144 页）。

螯合剂

在各种帮助重金属排出体外的方法中，一种叫螯合疗法的方法最为出众。

螯合（chelate）这一单词取自希腊语，意思是蟹的钳子，也就是用钳子将人体内的重金属夹出来的意思。这一过程中使用的化学物我们称之为螯合物。将螯合物通过注射或者打点滴的方式注入重金属中毒者体内，螯合物经过螯合作用与患者体内重金属结合，最终被排出体外。现在临床使用的螯合物有 EDTA、ALA、DMSA 等几种。

螯合剂的危害

与正常金属离子不同的是，经过螯合的金属离子会被具有环状结构的配位体团团包围住，最终被排出体外。不过问题在于，成团的金属离子和有机化合物也有可能移动到身体其他部位。聚集在肝脏部位的金属经过螯合反应后，在排出体外前有些会移动到人的大脑部，也就是说螯合剂会使金属移动到人的大脑。

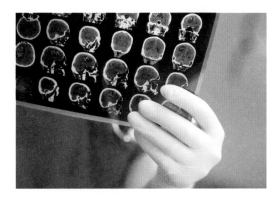

另外，螯合剂本身是不会区分人体内的有害金属和有益金属，因此如果要使螯合剂和人体内有害的金属精准结合，必须有一个技巧好、有经验的医生才行。

本节重点

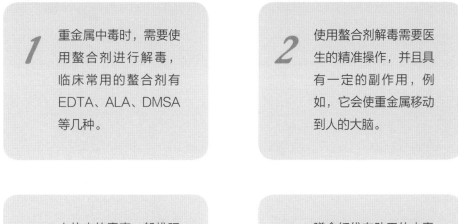

1 重金属中毒时，需要使用螯合剂进行解毒，临床常用的螯合剂有 EDTA、ALA、DMSA 等几种。

2 使用螯合剂解毒需要医生的精准操作，并且具有一定的副作用，例如，它会使重金属移动到人的大脑。

3 人体内的毒素一般堆积在脂肪中，解毒时会使脂肪随毒素一起排出，但医学上尚未证明解毒具有减肥效果。

4 膳食纤维有助于体内毒素的排出，富含膳食纤维的食物有蔬菜、水果、菌菇类等。

041

麻醉药中有哪些有害成分？

麻醉药也是有害物质，很多人一定很惊讶。这是因为在人们的常识认知中，麻醉药是治病的，应该对人体无害。

大家都知道麻醉药会使人丧失意识和感知一段时间，但是如果使用时出现差错，麻醉药的效力将会一直持续不消失，这也是使用麻醉药的主要危害。

大麻

大麻是造成社会上各种吸毒、犯罪的根本原因之一。大麻的英文名叫做marijuana。人们会将大麻植物的花、茎、叶采摘下来后进行干燥处理，然后切细，最后像烟一样卷起来点燃了吸食其烟气。

吸食大麻时，大麻燃烧后剩下的焦油是造成人们支气管炎和各种癌症的主要原因。然而大麻对人体伤害最大的其实是在精神上。吸食大麻有可能使人身体失调、造成抑郁症、妄想症等精神疾病。

吗啡

吗啡是鸦片的一种，从罂粟植物的某部分提取加工而成。罂粟绿色果实中流出的汁液，凝固后就被叫做鸦片，其主要成分为吗啡和可待因。

吗啡和可待因都是十分优秀的麻醉药，也被运用于止痛药领域。不过后来人们研发出了更强的止痛药，那就是海洛因。

海洛因是吗啡与无水醋酸结合而生成的产物。海洛因虽然能够给人带来任何事情都比拟不了的强烈快感，但是一旦沾染就会破坏人神经系统和身体，使人变成离不开毒品的废人，可谓是危害最大的麻醉药。

之前曾经有人从日本进口无水醋酸而被揭发的事件，这也主要是由于无水醋酸能够用于制造海洛因。

042 太依赖保健品对健康有危害吗？

保健品主要是指我们在日常生活中通过饮食不能摄取到的每日所需量的各种营养素，或者是促进我们身体对各种必需微量元素的吸收的药物（有固态、液态和胶囊状），也被称作营养剂或者补充品。

保健品的种类

保健品根据其不同的成分可以分为下面 4 类：

❶ **维生素类：** 维生素 A、B 族维生素、维生素 C、泛酸等。

❷ **矿物质类：** 钾、钙、锌、铁等。

❸ **氨基酸类：** 胶原蛋白、天冬酰胺酸等。

❹ **糖类：** 甲壳质、玻尿酸、硫酸软骨素等。

保健品根据制作方法不同又可以分为下面 3 类：

❶ **化学合成物：** 大部分维生素类。

❷ **以天然的原料经化学处理的保健品：** 大部分氨基酸。

❸ **纯天然保健品：** 草本、草药类。

保健品的危害

保健品的组成物不同，其功效也各不相同。有的保健品有特别的功效，有的只是为了维持身体健康，种类不同，具体功效也会千差万别。不过保健品与药物不一样，它声称的功效不一定需要有医学上的证据，而与此同时，如果其中的某一种物质被医学验证其功效后，厂家有可能将广告做得过于夸张。

由于每个人的体质不一样，保健品的效果也大相径庭。保健品很少真的能达到其宣传的效果。对有些人来说，它可能有效，对另一些人来说，也可能完全无效。

保健品的危害在于如果人们太过于依赖它，从而认为即使养成饮食不健康、生活不规律、运动不足的生活习惯也无所谓，就容易使本来健康的身体变成亚健康状态。

世上真的存在
毒鸟吗？

　　有毒性的动物和植物都是存在的，例如植物中的毒蘑菇，海鲜中的河鲀。因此在吃蘑菇和海鲜的时候需要注意。不过，这个世界上是否存在有毒的鸟呢？

　　我国古代文献中曾经记载了此鸟名为鸩，体型与鹤相似，还有配图中画了其将蛇踩在脚下用喙啄食的场景。将鸟的一根羽毛拔下放到酒里面就变成能置人于死地的鸩酒。用此酒暗杀人的方式被称作鸩杀。《三国志》中就记载了相关的故事。

　　不过后来的书籍中就再没有出现此类毒鸟的相关信息了。鸩鸟就如同历史上人们幻想出来的鸟一样。然而在1990年，有人在新几内亚岛发现了毒鸟，并且宣称这是一个新的种类。

　　其实这种鸟很早以前就诞生了，只是其毒性直到1990年才被人发现而已。

　　至今为止，我们所发现的毒鸟种类均为伯劳科，没有如鹤体形一般的大毒鸟，并且发现的毒鸟所携带的毒素类似毒蛙素，其毒素不是在体内合成，而是通过食物链层层累积造成的。既然已经发现了毒鸟的存在，或许这世界上还有一些未知的东西等待着我们去探索吧。

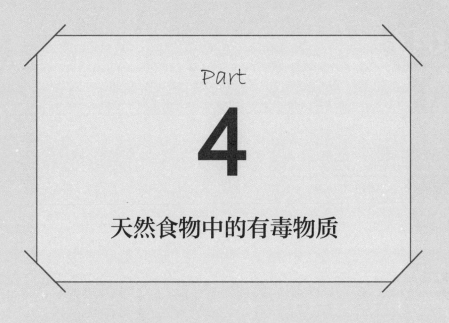

Part

4

天然食物中的有毒物质

　　新鲜的蔬菜、海鲜、肉类等是我们每餐必不可少的食材。然而其中也存在一些有毒的食物，此外，还有一些十分容易被有毒物质污染的食物。每年都会发生由于食用河鲀或者蘑菇而中毒的事件。就像老话说的一样，"不怕一万，就怕万一"，我们应该对食物保持谨慎小心的态度，切不可想当然地掉以轻心。

043 存在有毒的野菜吗？

春天一到，我们就可以吃到各种各样的野菜，例如荠菜、苦菜、香椿芽、马齿苋等又美味又有营养。不过，盈满春天气息的山林，同时也是各种有毒植物生长的宝地。

野菜的危险性

有时候，人们将有毒的植物误认作与之相似的野菜而误食用。漆树的芽和香椿芽外表十分相似，若是不小心采摘误食，将导致人长漆疮，令人十分痛苦。秋水仙的嫩芽外表酷似茖葱的嫩芽，若不小心采摘食用的话，情况严重会导致人死亡。

很多野菜本身就有毒，如狼毒草、苍耳子、野芹菜、曲菜娘子等，此外尤其要小心曼陀罗。曼陀罗又名洋金花、山茄子、醉人草、闹阳花、透骨草、喇叭花、风茄、野麻子，它含有东莨菪碱，其口感微涩，误食后不仅会导致人呕吐，还会使人发生痉挛。

蕨菜中就含有一种叫做原蕨苷的致癌物质。原蕨苷是一种急性剧毒物质，放牧时，若牛不小心吃了蕨菜，就会出现血尿，有的甚至会直接倒下不起。另外，其致癌性也是十分有名的。

如何避免食用蕨菜中毒?

前面已经讲过，蕨菜中含有致癌物质，但很多人吃了美味的蕨菜却一点事情都没有，这又是为什么呢?

由于刚从山林中采摘下来的蕨菜味道十分涩口，不能食用，人们吃蕨菜前一般都会等它嫩芽完全熟了之后再烹饪，有时候也会将其在碱水中浸泡上一天一夜。而这个过程中，蕨菜中的原蕨苷将会被完全分解，变成对人体无害的物质。所以将蕨菜在碱水中浸泡，其实是一种用化学方法来分解其有害成分的手段。

为什么要用碱水呢? 碱水也就是草木灰水。草木灰是植物燃烧后剩下的灰烬，是一种非常好的化学药品，由钠、钾等矿物质的氧化物组成。因此，草木灰水中含有氢氧化钠、氢氧化钾等强碱性物质，所以有着十分强的分解其他分子的能力。蕨菜中的原蕨苷在碱水中会被分解，转变成对人体无害的物质。

古人当然不会知道这些化学知识，都是由老一辈的经验一代代传下来的。前人传下来的一些经验和故事有一些很有道理，我们不能带着偏见认为它们全部都是迷信。

本节重点

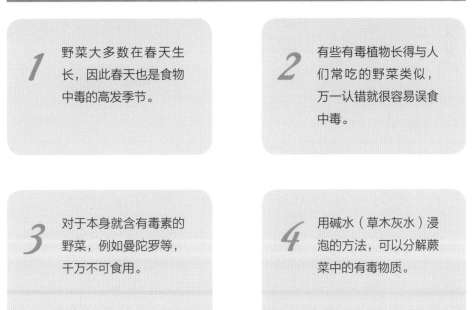

1 野菜大多数在春天生长，因此春天也是食物中毒的高发季节。

2 有些有毒植物长得与人们常吃的野菜类似，万一认错就很容易误食中毒。

3 对于本身就含有毒素的野菜，例如曼陀罗等，千万不可食用。

4 用碱水（草木灰水）浸泡的方法，可以分解蕨菜中的有毒物质。

044 哪些植物的叶片毒性大？

有毒的植物其实有很多种，一般来说，有毒的植物全身各部位多多少少会带有毒性。对于有毒的植物，我们最好不要用手触碰。而有毒植物毒性最强的部位也各不相同，例如有的植物在根部，但对于大部分有毒植物来说，其毒性最强的部位是果实。

接下来将为大家介绍叶片部位毒性最强的有毒植物，以及容易和我们平常吃的叶类蔬菜弄混的有毒植物。

毒性清楚的植物

人类真是一种复杂的动物。有些人即使知道吃的东西有毒也要以身试险。虽然有些有毒植物可以小剂量作为药物使用，而有些人却是因为贪恋其味道而大量食用，大剂量的毒性甚至能够置人于死地，不知道他们做好为食物献身的准备没有？

最典型的就是香烟，香烟中含有一种名为尼古丁的有毒物质，这种物质的毒性堪比氰化钾。

虽然近年来香烟中的尼古丁和焦油的含量比以前要低，但是大人们一定要注意不要将香烟放到小孩子能接触到的地方。万一小孩子不小心吸入，大人也不要惊慌，让小孩子催吐后再给他喝枸杞茶就没有大碍了。然而，若是小孩子误食了烟灰缸里的水就比较麻烦了。因为烟灰缸的水中溶有尼古丁，一旦发现要立即把小孩子送到专门医院去治疗。

容易使人误食的植物

有人误食乌头而中毒的事件时常发生。这是因为人们把乌头当作可食用的鹅掌草造成的。

在鹅掌草成熟的季节，它的叶柄顶端会长出两个白色的轻飘飘的花，乌头则不会。因此，当看见一株类似鹅掌草，但是没有长花的植株时，要警惕其是否是乌头。另外，还有人会将乌头错认作日本红枫，这点也需要我们格外注意。

045 哪些植物的果实毒性大？

　　地球上的生物利用太阳能生活，而人类所吃的各种东西均是将太阳能转化为食物的形态来为我们提供能量。因此可以打个比方，食物对于人类就相当于一个装满太阳能的罐头。

　　植物的整个植株中，果实是最有营养的部分。一株植物为了自己的后代能够更好的繁衍，在果实中会储存丰富的营养。然而，有些植物的果实中含有剧毒成分，在本书186页中提到的蓖麻毒素当属毒物之最。

　　除了这些我们知道的有毒物质之外，在日常生活中食用的果实中有的也带有毒性。例如某些香辛料平时对人来说可以当做食物，然而稍微不注意就会变成有害人体的毒物。山葵菜就属于这种植物，适量食用可以调味，然而过量食用就会变成对人有害的毒物。

梅子

　　各种梅的种子中都含有氢氰酸。一种叫做苦杏仁苷的化学物质在酶的作用下会转化为剧毒的氢氰酸（氰化氢）。其实苹果的籽中也含有这种物质，但由于含量极其微少，我们不必过于担心。

Molokhia(一种埃及苦菜)

　　Molokhia 被誉为埃及"国菜"，听说由于Molokhia 好吃又营养，很多人会在自己家里种这种菜。然而 Molokhia 的籽中含有一种叫做毒毛旋花苷的剧毒物质，注意食用时不要误食其籽。1996 年发生了一起家畜误食 Molokhia 而死亡的事件，有5 头牛误食了 Molokhia，其中 3 头中毒死亡。除了Molokhia 的籽之外，还没成熟的 Molokhia 植物整株都有毒性，所以也要特别当心。

哪些植物的根部毒性大？

洋葱、土豆是我们平时生活中常吃的根类蔬菜。不过在我们的食物中，有些植物的根部或者茎干却含有有毒成分。

块茎蔬菜

土豆是我们日常生活中必不可少的蔬菜，不过发芽的土豆中，其芽部位含有一种叫做龙葵素（solanine）的毒素。另外，芋头类蔬菜中由于含有草酸，大量食用可能会引起消化器官问题及呼吸困难的症状，严重情况下甚至会危及生命。我们平时在吃块茎蔬菜时，一定要注意这些问题，以免出现意外。

乌头

植物中毒性最大的当属乌头花，其根部含有高浓度的乌头碱，不小心食用会导致人出现严重的呕吐和腹泻症状，并且还会麻痹人的中枢神经系统，最终致人死亡。由于老鼠以及田鼠讨厌乌头根部的味道，以前的农民将乌头种植在田埂来防止庄稼被偷吃。

天竺牡丹、郁金香

虽然这两种植物都不是食材，但是由于其含有菊淀粉和毒碱这两种有毒物质，平时接触时也要十分注意，不要误食。郁金香现在已经培育出了可食用品种，其中含有高浓度的淀粉。

彼岸花

彼岸花（红花石蒜）的毒素也在球根中，中毒症状与乌头类似。不过彼岸花在饥荒年代也被人们当做食物食用过。但是如果要食用彼岸花的球根，得经过一个漫长而辛苦的过程。人们要使劲捣烂其球根，再在水中用力揉，最后再冲洗多遍后才能够得到勉强可以食用的淀粉。彼岸花球根中含有的淀粉根本没有什么味道，人们若不是实在找不到东西食用，也不会大费周折地选择彼岸花的。

蘑菇中有哪些有毒成分？

蘑菇有美味健康的种类，也有含剧毒、可致命的种类。虽然至今没有统计出世界上的蘑菇具体有多少种，但是可以知道大致有 5000 多种，而这 5000 多种蘑菇中，有三分之一是有毒的。

毒蝇伞

毒蘑菇中毒性较强的为毒蝇伞类。因误食毒蘑菇而中毒的事件中 90% 都是此类蘑菇引起。特别是鳞柄白鹅膏、毒鹅膏、白鹅膏这三大类，均是剧毒类蘑菇，其致死率在 50%~90%，它们中共同含有的毒素名字叫做鹅膏毒素。

毒蝇伞蘑菇的一大特点就是其茎部下处有一个托盘形状。平时在采蘑菇、吃蘑菇时要特别注意有这种形状的蘑菇。

笑蕈、褐光盖伞

笑蕈、褐光盖伞这类蘑菇含有影响人神经的毒素。毒蕈碱、鹅膏蕈氨酸、蟾毒色胺等是这类毒素中的代表。它们简单单一的结构就是其影响人神经的秘密。这种简单的结构与人类大脑中连接各神经细胞的神经递质乙酰胆碱、谷氨酸、血清素很相像。因此，如果这类物质不小心进入到人体，神经系统就会将信息错误地传给它们，从而传送到肌肉中，进而造成人大笑不止、出现各种幻觉等症状。

鬼伞

鬼伞虽然美味，但是和酒一起吃就很容易使人喝醉。这是因为当乙醇在人体中生成使人醉的物质乙醛时，人体会将乙醛氧化成无害无毒的其他物质，而鬼伞却会阻挠这一过程的进行，使乙醛在体内积累。

河鲀的毒性是天生的吗？

处理河鲀的人都需要经过专门的培训和考核，由此可见，河鲀真的是很难处理的食材。由于本身带有毒性，它也算是较危险的食物。

体内储存毒的河鲀

河鲀的毒性有几种，普通用于食用的红鳍东方鲀、黄麻鲈的肉是无毒的，不过像兔鲀这种，其整个身体都是含有毒性的。

天然红鳍东方鲀的内脏含有剧毒，当然人工养殖的河鲀肉或者内脏基本上都不含毒性。这也说明了河鲀本身并不能制造毒素，而是储存了海水中的有毒物质。

河鲀体内的毒素最初来自红藻类植物。红藻中的毒素随食物链进入到浮游生物体内，又进入到以浮游生物为食的鱼类体中，如此层层累加，最终在河鲀身体内积累。人工养殖的河鲀由于环境中不含毒，所以毒素不会累积其中。

天然红鳍东方鲀的卵巢中含有剧毒物质，但是有些地方的人会食用东方鲀的卵巢。那里的人首先将东方鲀的卵巢用盐腌制半年，然后去掉盐，再将其放到米糠中装一年。这样处理过后，卵巢的毒素才会慢慢消失，之后方可食用，味道可谓美味中的极品。

河鲀毒素的构造

河鲀体内毒素的主要成分是河鲀毒素 (tetrodotoxin)。其构造是一种十分复杂的立体结构，中间含有许多氧原子。

发现及命名此有毒物质的人都是日本人。在这种毒素的英文名中，toxin 的意思是生物毒，tetro 则是瑞典语中的数字 4 的意思，而 odo 的意思是牙齿，所以连在一起的意思其实是 "4 颗牙齿的毒" 的意思。河鲀的上牙有两颗，下牙有两颗，合起来一共有四颗，因此得名。由于河鲀会用其锋利的四颗牙齿攻

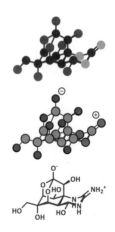

击人，各河鲀养殖户们为此苦恼不已。

　　河鲀中的毒来自大自然，和火蝾螈身上携带毒素相同（参考 122 页）。另外，河鲀中还含有微量的蛤蚌毒素，这种毒素一般存在于贝类生物中。

本节重点

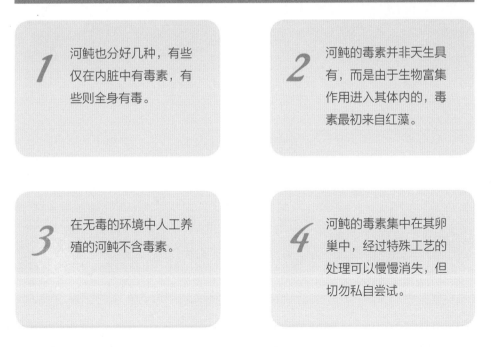

1 河鲀也分好几种，有些仅在内脏中有毒素，有些则全身有毒。

2 河鲀的毒素并非天生具有，而是由于生物富集作用进入其体内的，毒素最初来自红藻。

3 在无毒的环境中人工养殖的河鲀不含毒素。

4 河鲀的毒素集中在其卵巢中，经过特殊工艺的处理可以慢慢消失，但切勿私自尝试。

049　色彩迷人的珊瑚鱼
可能有毒?

　　一个珊瑚礁可以养育 400 多种鱼类，这些珊瑚鱼的外表往往异常美丽，令人着迷。然而，这些鱼类中有不少都具有毒性。

鹦嘴鱼的毒性

　　毒性具有季节性的、最具代表性的一类珊瑚鱼就是鹦嘴鱼，它是一种色彩非常艳丽的热带鱼，因嘴形酷似鹦鹉而得名。它们的内脏中带有剧毒，肝脏中毒素含量尤其高，若是误食可能会致人死亡。

　　鹦嘴鱼中毒的主要症状是肌肉痛，随后会出现痉挛和麻木的症状。我们把造成影响神经的这类毒素称作神经毒，它们能够阻止钠离子、钾离子通过神经细胞膜表面的通道，因此会引起人们的行为异常。

珊瑚鱼所带有的毒素

　　珊瑚鱼身上所带有的毒素主要有刺尾鱼毒素、雪卡毒素和海葵毒素。这些毒素与河鲀体内的河鲀毒素一样，是通过食物链，从含有毒素的藻类聚集到体内的。

　　这些毒素的构造非常复杂，要借助各种分析仪器，才能探明其分子结构。尤其是海葵毒素，人们不仅探明了其分子结构，哈佛大学一位化学系教授还完成了海葵毒素（见下页图）的全合成，这一举措被赞誉为是 20 世纪最伟大的化学成果之一。另外，在 2001 年，日本的一位大学教授成功地合成出了雪卡毒素。

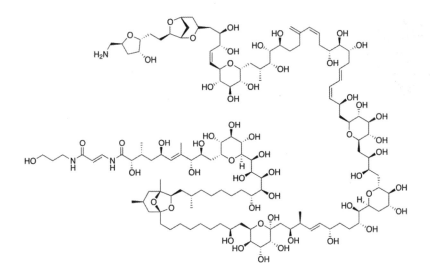

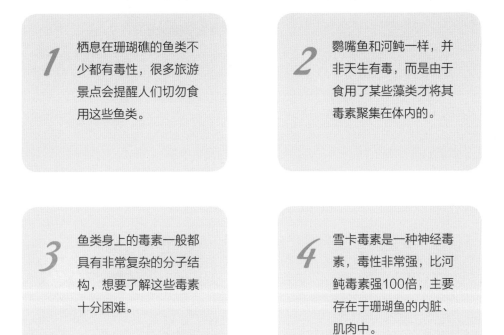

本节重点

1 栖息在珊瑚礁的鱼类不少都有毒性，很多旅游景点会提醒人们切勿食用这些鱼类。

2 鹦嘴鱼和河鲀一样，并非天生有毒，而是由于食用了某些藻类才将其毒素聚集在体内的。

3 鱼类身上的毒素一般都具有非常复杂的分子结构，想要了解这些毒素十分困难。

4 雪卡毒素是一种神经毒素，毒性非常强，比河鲀毒素强100倍，主要存在于珊瑚鱼的内脏、肌肉中。

050 贝类的毒性具有季节性？

西方有一句俗语，叫"不带 R 的月份不吃蚝"。5 月（May）、6 月（June）、7 月（July）和 8 月（August）的英语拼写中没有字母 R，而恰好在这些月份吃生蚝有食物中毒的危险，也因此有了这样的一句俗语。

为什么在这些月份吃生蚝就会食物中毒呢？这是因为那时的生蚝可能会携带着有毒成分。不仅仅是生蚝，还有一些贝类在特定的季节里也会携带有毒成分。虽然在其他季节不会有什么问题，但在特定的季节，贝类体内就会有毒物堆积。这究竟是为什么呢？

贝类有毒的原因及含毒时间

贝类通过吃浮游生物来生长，而浮游生物根据季节的不同，可能会有毒素产生，这些毒素则通过食物链囤积在贝类体内。也就是说，贝类引起食物中毒的原理与河鲀毒素是一样的。但是，贝类中的毒素种类更为多样。

根据贝类的种类不同，毒素在其体内囤积的速度与排出的速度也会不同，由于这种差异，各种贝类含毒的时长也各不相同。其中虾夷扇贝和贻贝的含毒时间较长，而生蚝的含毒时间较短。

贝类中的毒素

❶ **蛤蚌毒素：** 与河鲀毒素一样，是一种剧毒。中毒后，严重者可造成呼吸麻痹，从而引发死亡。这种毒素存在于虾夷扇贝、青蛤、生蚝和贻贝等大部分贝类中。

❷ **大田软海绵酸：** 这种毒素会引起腹泻、腹痛，但并不足以威胁生命安全。其存在于虾夷扇贝、青蛤、蛤蜊和贻贝等贝类中。

❸ **软骨藻酸：** 这种毒素会造成脑细胞异常兴奋以及腹泻、呕吐，严重时会破坏大脑海马体，造成记忆丧失甚至引发死亡。在美国的某些州的贝类中偶尔会检测出软骨藻酸，此时会下达捕捞禁令。

❹ **芋螺毒素：** 是一种由11~30个氨基酸结合而成的神经性毒素，存在于芋螺体内。芋螺作为一种贝类，体内含有500种有毒成分，因此被称为"毒素宝库"。那么，它是不是毫无益处呢？并非如此。芋螺是当前医学研究人员最为关注的生物之一，这说明毒与药不过一线之差。有些物质过量了是毒，但如果适量服用的话就会变成药。在芋螺体内可能会有人类尚未发现的各种特效药成分。

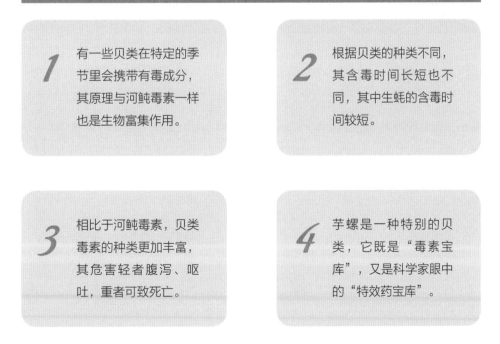

本节重点

1 有一些贝类在特定的季节里会携带有毒成分，其原理与河鲀毒素一样也是生物富集作用。

2 根据贝类的种类不同，其含毒时间长短也不同，其中生蚝的含毒时间较短。

3 相比于河鲀毒素，贝类毒素的种类更加丰富，其危害轻者腹泻、呕吐，重者可致死亡。

4 芋螺是一种特别的贝类，它既是"毒素宝库"，又是科学家眼中的"特效药宝库"。

051

疯牛病为什么可怕？

疯牛病的正式学名叫做牛脑海绵状病（BSE），这是一种会使牛脑组织中产生空洞（因神经坏死而产生的空洞），从而使牛脑变成海绵状态的病。患上疯牛病的牛一开始会出现痉挛的现象，但不久其运动机能就会下降、无法发力，从而无法站立。

关于疯牛病的发病原因，现在仍未明确研究出，但有报告指出可能是因为用作饲料的肉骨粉受到污染所致。但依据发生过的疯牛病事例来看，让人不免怀疑，因为与肉骨粉一起喂食的代用乳也有可能是发病原因。

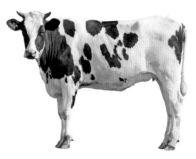

异常朊病毒蛋白

虽然现在仍未明确找出造成肉骨粉污染的原因物质，但目前造成污染可能性最高的物质是异常朊病毒蛋白。

蛋白质是由数百个20多种不同种类的氨基酸结合而成的长分子，其构造由氨基酸的结合顺序所决定。这种长分子是由具有再现性的固有结构折叠而成的，这也被称为立体结构。即，蛋白质的结构是由氨基酸的组合顺序与立体结构这两点所决定的。

正常朊病毒蛋白　　　异常朊病毒蛋白

异常朊病毒蛋白的氨基酸排列方式与正常的朊病毒蛋白完全一致，但其立体结构并不相同（上图左边为正常朊病毒蛋白，右边为异常朊病毒蛋白）。现在仍未发现这种异常的朊病毒蛋白是怎么产生的，但怀疑是基因突变而引起的报道层出不穷。

具有传染性的疯牛病

疯牛病之所以那么可怕，是因为其不仅只在牛身上发病，其还会传染给人类的缘故，人类感染疯牛病后的症状称为"新克雅氏症"，潜伏期可长达10年，死亡率很高。

异常朊病毒蛋白的立体结构相当稳定，如果遇到正常朊病毒蛋白的话，会将正常朊病毒蛋白的立体结构改变成与自身相同的异常结构。这就是疯牛病的传染形式。

异常朊病毒蛋白非常坚固。普通蛋白质加热到100℃的话，就会像鸡蛋被煮熟一样，结构被彻底改变并且丧失本身机能，但异常朊病毒蛋白就算在120℃的高温下也不会改变。值得庆幸的是，异常朊病毒蛋白只会停留在脑部和脊髓等地方。

本节重点

1 疯牛病即牛脑海绵状病，简称BSE，最初在英国发现，波及很多国家，会导致牛神经错乱、痴呆，不久就会死亡。

2 导致疯牛病的原因物质尚未明确，但致病可能性最高的物质是异常朊病毒蛋白。

3 食用被疯牛病污染了的牛肉、牛脊髓的人，有可能感染上致命的"新克雅氏症"。

4 疯牛病不会在人与人之间传播，只会通过食用了患疯牛病的牛肉而感染致病。

052

存在对人体无害的霉菌吗？

"我们经常食用霉菌？"人们会对此感到诧异。但实际上，利用霉菌制作的食物比想象的要多。

有益的霉菌

利用白醭（醋、酱油等表面长的白色的霉）制成的卡蒙贝尔奶酪和利用青霉制成的蓝纹芝士十分有名。而制作柴鱼片的最后一个阶段也是使鱼肉产生霉菌，然后再利用霉菌使鱼肉变得干燥和鲜香。如果将曲霉和酵母都看作是霉菌的一种的话，那么数量繁多的发酵食物就都是通过霉菌而制成的。

与此同时，与在青霉中萃取出来的青霉素相似，很多抗生物质都是从霉菌中提取出来的，由此可以看出，霉菌是我们人类生活中不可或缺的一种生物。

有害的霉菌

所有的霉菌都是对人类生活有所帮助的有益霉菌吗？答案是否定的。有的霉菌会令食物霉变、产生毒素，给生活带来麻烦，因此需要多加注意。

霉菌产生出来的毒素一般叫做毒枝菌素，其种类超过了 100 种。

◎麦角菌

在黑麦中产生的麦角菌含有一种叫做"麦角碱"的生物碱。如果吃了被这种霉菌污染了的作物，会造成皮肤损伤，并伴随着灼烧般的疼痛，在中世纪欧洲这种霉菌被称为"圣安东尼之火"，被众人所畏惧。同时，这种霉菌还会使人出现精神异常的症状。当时那些被当做"魔女"的人之中，说不定有些就是感染了这些霉菌的患者。麦角碱作为合成迷幻药 LSD 的前身，也被众人所周知。

◎黄曲霉

另一种危险的霉菌是在花生或谷类作物中产生的黄曲霉，它会产生黄曲霉毒素，其毒性可分为急性和慢性两种，但无论是哪一种，毒性都非常强烈。如果是急性，会引起急性肝炎。2004 年在肯尼亚，由于食用了受污染玉米而死亡的人数就高达 120 名以上。如果是慢性，则会导致肝癌。黄曲霉毒素是人类已知物质中毒性最强的致癌物质。因此，产生了霉菌的花生酱等食物千万不能再吃。就算把上面的霉菌去除了，从霉菌中产生的黄曲霉毒素也可以渗透到周围，必须整罐扔掉。

本节重点

1 在霉菌中，有一些对人类有益，是生活中不可或缺的，有一些则有害，可致病甚至致死。

2 酸奶、奶酪、柴鱼片以及各种发酵食品的制作都需要霉菌的参与。

3 1938年，化学家艾伯特·霍夫曼在进行一项有关于麦角碱类复合物的大型研究计划时，无意中将原本分装在两支试管中的溶液混合在一起，结果意外合成了迷幻药LSD，它的全名是"麦角酸二乙基酰胺"。

4 黄曲霉毒素是目前已知的毒性最强的致癌物，可导致肝癌，它存在于霉变的花生和玉米等谷物中。由于毒素可以向周围渗透，因此一旦部分霉变，必须将整粒或整颗食物丢弃不食。

053 寄生虫现在已经
不可怕了？

寄生虫是指寄生在其他动物身上，摄取其养分以生育繁殖的动物。虽然也有像螨虫这种外部寄生虫，但一般说起寄生虫的话，主要是指那些寄生在宿主体内的寄生虫。

寄生虫病大部分可治愈

寄生在人体内的寄生虫有蛔虫、蛲虫和绦虫等。在因寄生虫而引起的疾病中，有些疾病的潜伏期可达一年以上，有些疾病并不会出现腹泻、腹痛这种刺激性症状，因此在感染初期较难察觉。

除了一部分寄生虫以外，大部分寄生虫不会引起致命的症状。同时由于各种寄生虫病的治疗方法基本已确定，因此只要确认了是哪种寄生虫，治愈的难度并不太大。然而，由于近年来感染寄生虫病的人越来越少，因此医生也可能无法正确诊断出来。如果治疗延误，就会在肝脏和肺部等内脏上留下严重的损伤，因此需要多加注意。

在寄生虫中，绦虫能够分泌出抑制过敏反应发生的成分，因此有可能利用绦虫发明出治疗过敏症状的特效药。

主要的寄生虫和与其相关的疾病

◎蛔虫

在人的小肠里长成幼虫，通过血管移动到肺部，然后再重新进入到小肠内，成为成虫。会引起肺炎、肠炎和胆管炎等疾病。全世界人口中，每 4 个人中就有 1 个人携带着蛔虫。

◎肝吸虫（肝蛭）

由于肝吸虫会群生在胆管里，因此会使胆汁无法顺畅流动，从而引起胆管慢性炎症的产生。另外，肝吸虫会造成肝细胞的萎缩和坏死，进而逐渐演变为肝硬化。肝吸虫引起的症状主要有食欲不振、有疲惫感、贫血、黄疸和肝肥大等。

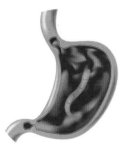

◎异尖线虫（海兽胃线虫）

异尖线虫可通过食用生鱼片而感染，其身长为1~4厘米。由于这种寄生虫会咬着胃黏膜不放，因此会引起严重的腹痛。可通过内视镜捕获和驱除。

◎绦虫

这种寄生虫的特征是身长十分长，有些甚至可达到 10 米长。如果这种寄生虫在人体内寄生，会出现腹痛、食欲不振、身体消瘦等症状。

本节重点

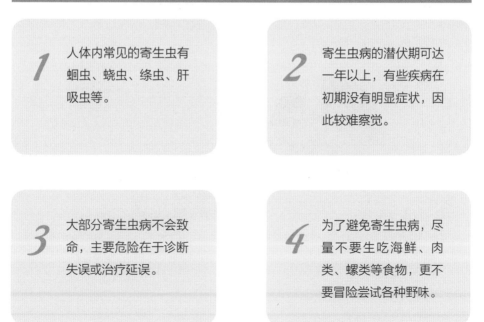

1 人体内常见的寄生虫有蛔虫、蛲虫、绦虫、肝吸虫等。

2 寄生虫病的潜伏期可达一年以上，有些疾病在初期没有明显症状，因此较难察觉。

3 大部分寄生虫病不会致命，主要危险在于诊断失误或治疗延误。

4 为了避免寄生虫病，尽量不要生吃海鲜、肉类、螺类等食物，更不要冒险尝试各种野味。

神秘果
对味蕾施了魔法吗?

甜味一直都是一种令人享受的味道,不过有些人由于减肥或者糖尿病的缘故而被限制了糖的摄取量。因此很多人就会选择另一些代糖,然而这些物质大量摄取对身体可能造成影响。

大家知不知道有一种能将酸味变甜的神奇水果呢?名字就叫做神秘果(miracle fruit),它的味道类似酸柠檬。虽然没有人试验过,但是它有着将酸味食物变得香甜可口的神奇能力。

到底是为什么呢?其实,这只是一种骗术而已,"将酸味变甜"这句话不够准确,事实上味道本身不会变,只是我们的舌头出现了错觉罢了。

看起来很神奇,不过原理却十分简单。吃了神秘果后,其中含有的味觉转换物质能够阻止感觉甜味的味蕾。这时再吃酸的东西,酸味会和味觉转换物质结合,使味蕾感觉到甜味。因此吃完神秘果后再吃酸的东西会觉得很甜。

神秘果

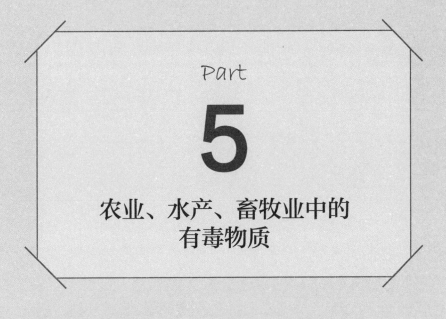

Part

5

农业、水产、畜牧业中的
有毒物质

　　农业与田园式的氛围是两回事。现代农业由于使用了很多化学药物，因而会给人一种"在工厂里生产农作物"的直观感受。只要有种地的地方，就会使用农药，甚至紧挨着住宅的菜地也不例外。如果没有"农药是有害的化学物质"这样的认识，就很容易会发生危险。本章，就让我们了解一下这方面的内容吧。

054 杀虫剂对人体有危害吗?

以消灭对农业生产以及日常生活有妨碍作用的昆虫为目的而开发的药剂就是杀虫剂。虽然消灭的是害虫,但不管怎样,杀虫剂能够杀害某种生命体,所以很难说对同为生命体的人类一点害处都没有。无论是什么杀虫剂,在使用的时候都有随之而来的危险,因此在使用的时候要充分注意。

天然杀虫剂

初期的杀虫剂是用天然物质制作而成的。据说,在17世纪,人们是利用烟叶中的尼古丁作为杀虫剂来使用的(参考88页)。在日本,有将鲸鱼油脂洒在有积水的农田的水面上,来除去栖息在内的害虫的做法。除此之外,杀虫植物除虫菊也可作为蚊香的原料。最近,以天然杀虫剂的分子构造为模型来开发的某种化学杀虫剂的研究取得了很好的成绩。

有机氯化物

第二次世界大战之后,含氯的杀虫剂大范围被使用。这是因为含氯原子的有机物在化合反应后,能够以低廉的价格大量产出,同时杀虫效果也很好的缘故,所以含氯的杀虫剂被大量生产和使用。代表性的含氯杀虫剂有 DDT(滴滴涕)和 BHC(六六六)。它们不仅仅被作为农药使用,也作为家庭杀虫剂被大量使用。但是,这两种含氯杀虫剂具有很强的毒性,而且随着时间流逝,其剧毒残留也难以分解,因此已大部分被禁止使用,或被警告需要控制用量。

有机磷化合物

与对硫磷相似，有机磷化合物作为杀虫剂有着很强的杀虫效果。然而，由于这类物质有着很强的急性毒性，因此也十分危险。它甚至可作为沙林和VX毒剂等化学武器的代替品。但值得庆幸的是，人们已逐渐开发出杀螟松（硫代磷酸酯）和马拉硫磷等有很强的杀虫效果而毒性却很弱的杀虫剂了。

本节重点

1 杀虫剂可以杀死活的生命体，因此对人体或多或少会有危害。

2 最初的杀虫剂是用烟叶制作的，其尼古丁成分具有杀虫作用。

3 含氯化合物曾被作为农药和家庭杀虫剂广泛使用，但对人体有剧毒，并且会污染环境。

4 有机磷化合物杀虫剂具有和化学武器沙林、VX类似的结构，当然也会对人体有害。

055 杀菌剂对人体和环境都有负面影响吗？

植物也像人类一样，会受伤，会生病。植物生病也像人类生病一样，会产生病菌。为了消灭在植物中（尤其是在农作物中）存在的有害微生物或者病毒而使用的药剂就是杀菌剂。

杀菌剂的种类

◎波尔多液

从很久以前开始，波尔多液就经常被用作杀菌剂。这是利用生石灰（CaO）和硫酸铜（$CuSO_4$）发生反应时铜离子Cu^{2+}的杀菌作用来制作的，"波尔多"液名称的由来是因为在法国波尔多地区的葡萄农场里使用后发现了它有很好的杀菌效果。

◎有机化合物

大部分有机化合物杀菌剂的分子构造都含有硫，例如被人们广泛熟知的代森锰锌（大生M-45）。除此之外，也出现了产品名为"百菌清"的含氯杀菌剂和"克瘟散"等有机磷杀菌剂。同时，和苯菌灵（又名苯来特）相似的苯并咪唑类杀菌剂也出现了。

◎抗生物质

抗生物质也被作为杀菌剂使用，例如治疗对水稻产量有很大损害的稻热病时，会使用的杀稻瘟菌素和春雷霉素等。

杀菌剂的危害

农作物杀菌剂主要用于种子阶段杀菌、种子发芽后的成长阶段杀菌，以及对熟成的成果杀菌等，要经过几次反复的杀菌工作。其中，进入消费者口中可能性最高的是在接近收获时期使用的杀菌剂。危险性最高的是用在果实上的杀菌剂（收获期后使用的杀菌剂）（参考 110 页）。

在过去，醋酸苯汞等有机水银化合物也被用作杀菌剂，但当查出水俣病是由有机水银引起的之后，便禁止了此类物质的使用。

杀菌剂作用于微生物，为了维持效果，大部分会残留在植物的表面上。经过雨水的冲刷，这些杀菌剂就会渗透到土壤里，进入地下水，汇入江水，渐渐扩散到更广泛的区域，从这点上看，其对环境具有一定的危险性。

本节重点

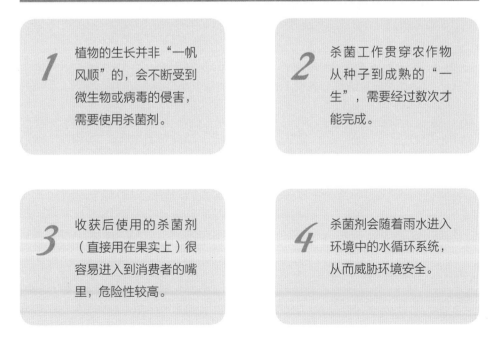

1 植物的生长并非"一帆风顺"的，会不断受到微生物或病毒的侵害，需要使用杀菌剂。

2 杀菌工作贯穿农作物从种子到成熟的"一生"，需要经过数次才能完成。

3 收获后使用的杀菌剂（直接用在果实上）很容易进入到消费者的嘴里，危险性较高。

4 杀菌剂会随着雨水进入环境中的水循环系统，从而威胁环境安全。

056 收割后使用的农药对人体有哪些危害?

收获期后使用的农药是指在收获期后，即在结束收成之后洒在果实上的农药，目的是为了维持果实的品质和防御害虫，包括杀菌剂、防霉剂和灭鼠剂等。收获的农产品大部分都会使用收获期后农药。

收获期后农药的种类

◎**溴甲烷:** 虽然是液体，但是可以熏满整个仓库。作为破坏臭氧层的物质，在 2005 年，其不可替代用途被排除，并被列为禁用物质。

◎**联苯:** 是有两个苯环结合构造的化合物。在因为公害病而闻名的 PCB 中（参考 168 页），联苯的氢元素中有几个被置换成氯元素，有防霉的效果。

◎**邻苯基苯酚（OPP）:** 联苯与 OH 原子团（羟基）结合而成的一种防霉剂。

◎**四氯硝基苯:** 作为植物生长激素中的一种，可以防止土豆发芽。

◎**马拉硫磷:** 磷系杀虫剂。

◎**其他:** 作为熏剂使用的氰化氢气体 HCN 等。

收获期后农药的危害

收获期后使用的农药是直接洒在收成物上的。因此，果实有可能在涂了农药的状态下交到消费者手中。土豆大部分是洗过以后把皮削掉再烹饪，因此没有什么大问题。但是像柠檬、苹果这些怎么办呢？连皮一起切成薄片泡到红茶里或者是连皮一起食用，会有危险吗？

收获期后农药的残留毒性可能对人体有危害。邻苯基苯酚（OPP）就被怀疑有致癌性，其他的农药也不可能完全无害。

在有些国家，如日本和韩国，已经禁止在收获期后使用农药。我国还没有出台相关的规定，因此，在食用之前，务必要将食物充分洗干净。即使是橙子等要剥皮吃的水果，也同样要洗干净后再把皮剥掉，以免通过手的接触而将农药吃进肚子里。

本节重点

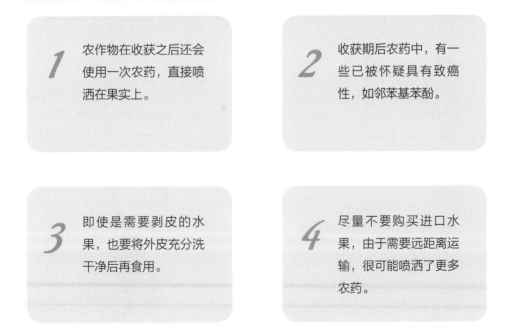

1 农作物在收获之后还会使用一次农药，直接喷洒在果实上。

2 收获期后农药中，有一些已被怀疑具有致癌性，如邻苯基苯酚。

3 即使是需要剥皮的水果，也要将外皮充分洗干净后再食用。

4 尽量不要购买进口水果，由于需要远距离运输，很可能喷洒了更多农药。

057 土壤杀菌剂对人体有哪些危害？

土壤里有各种各样的细菌，那些细菌有时候会引起植物生病。因此，土壤杀菌剂也产生了。现在已经研发出了多种多样的土壤杀菌剂。

土壤杀菌剂的种类

◎五氯酚（PCP）、五氯硝基苯（PCNB）

与DDT（滴滴涕）和BHC（六六六）一样属于有机氯化物，在这里，P即"penta"，指的是希腊语中的数字"5"，C即"chloro"，指的是氯元素Cl。这两种物质的分子内都有五个氯原子存在，有在环境中长时间残留，持续流出有害物质的可能，再加上被发现其中包含着二噁英类的杂质，世界各国都下达了回收令。

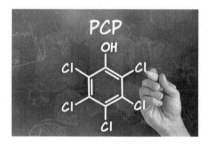

◎氯化苦

氯化苦的剧毒广为人知。这个化合物是有毒气体的原料，这种有毒气体也曾经被使用在战场上。氯化苦虽然以液体的状态被销售，但是有着十分容易气化的特点。它是通过在土壤里气化然后消灭细菌的。这种特点也使得其对人的危害性变大，使用时除了不要直接接触，连蒸气也不要吸入才行。

氯化苦的危害

2008 年，日本熊本县有一个为了自杀而服用剧毒物的患者。被救护车送到医院后，那名患者在医院里大量呕吐，呕吐物里含有氯化苦。氯化苦在医院里气化后，竟导致了在场的 50 余名患者和医务人员发生中毒并接受治疗。最后，那名服用剧毒物的患者因抢救无效死亡，其吐出的可气化氯化苦还造成了另一名患者生命垂危。

医院的失职是造成这一惨剧的原因之一，医院方面没有立即传达关于被服用的剧毒物的消息，导致了周围很多无辜的患者受害。由于在急救时，患者的身旁放着装有氯化苦的瓶子，因此，急救人员应该已经知道有毒物质是什么，却没有做好相关的防护工作。但是，这一惨剧也让我们知道了氯化苦这种物质到底有多可怕。

本节重点

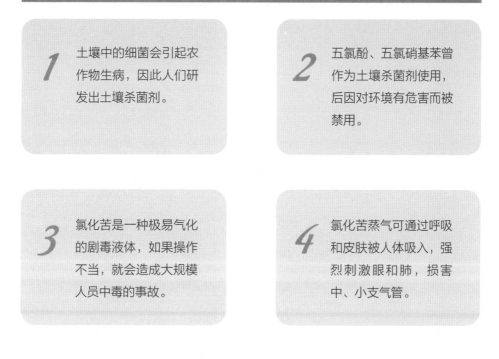

1 土壤中的细菌会引起农作物生病，因此人们研发出土壤杀菌剂。

2 五氯酚、五氯硝基苯曾作为土壤杀菌剂使用，后因对环境有危害而被禁用。

3 氯化苦是一种极易气化的剧毒液体，如果操作不当，就会造成大规模人员中毒的事故。

4 氯化苦蒸气可通过呼吸和皮肤被人体吸入，强烈刺激眼和肺，损害中、小支气管。

058 误食除草剂对人体有哪些危害？

对花坛或者草坪进行除草是一项很繁重的劳动，更别说是大规模稻田或农田，除草的人需要承受更辛苦的劳动。因此，在农业上，除草剂被认为是必需品。

除草剂的种类

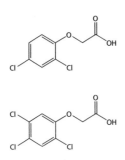

◎**有机氯化物**

很早就被用作除草剂，2,4-D、2,4,5-T和类似的有机氯化物都十分有名。2,4-D、2,4,5-T曾在越南战争中被作为化学武器大量使用。这种化合物中包含的不纯净物二氧杂芑（二噁英）的毒性也被明确指出。

◎**磷酸衍生物**

除草剂中有只对阔叶树有效果的、有选择性效能的除草剂，也有不论什么植物都一个不留除掉的非选择性除草剂。在20世纪80年代，研发出来的磷酸系除草剂草甘膦（产品名称：Roundup）就是非选择性除草剂，连农作物也会一并除去。但是，在那之后，由于农作物品种改良，研发出了对这种除草剂有耐药性的农作物。所以，将农作物种子和除草剂作为套装进行贩卖等的行为，将农业市场变成了和传统农业互不相通的新世界。

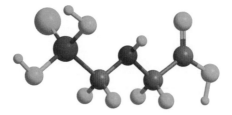

除草剂的有害性

除草剂虽然是对植物使用的东西，但其中不乏会对人体造成严重危害的种类，因此需要充分注意。其中，作为非选择性除草剂中的一种，百草枯对动物也有着很强的毒性，是除草剂中急性毒性最强的一种。

百草枯的毒性不仅可通过服用、吸入而渗入人体，而且可以通过皮肤接触渗透。常常有喷洒药液时，由于失误倾洒造成严重中毒的事件发生。由于其具备强烈的毒性，百草枯也常被自寻短见的人用于自杀。服用了百草枯的自杀者几乎没有生还的机会，而且死亡的过程极其痛苦。

除草剂也可能会被混合进家畜的饲料。如此进入到家畜体内的除草剂会怎样被代谢掉，又会发生哪些化学变化？对吃了家畜的肉的消费者又会有怎样的影响呢？对于这些问题的研究至今仍不是很多，进行这样的研究可谓是迫在眉睫。

本节重点

1 有机氯化物除草剂2,4-D、2,4,5-T中会混有一级致癌物二噁英，对人体危害极大。

2 除草剂分为两类，即非选择性的和选择性的，前者可以将农作物一并除去。

3 百草枯是一种常用的剧毒除草剂，可通过服用、吸入、皮肤接触三种方式摄入人体。

4 家畜饲料中一旦混入除草剂，会对动物及人体造成怎样的影响仍有待研究。

化学肥料对环境
有什么影响？

　　植物能够以水和二氧化碳为原料，以光为能量，合成碳水化合物来作为养料。但是，植物并不是仅仅由碳水化合物构成的，植物体内还有蛋白质、维生素等微量元素。为了生成这样的成分，光靠水和二氧化碳是不够的。因此，就需要有肥料，而用化学合成的肥料就是化学肥料。

化学肥料的种类

◎三大营养素

　　肥料中有被称作三大营养素的东西。这三大营养素就是氮（N）、磷（P）和钾（K）。氮主要是对叶子的生长有帮助，钾主要利于茎、树干的生长，而磷主要是对花朵和果实的成长有作用。化学肥料中的氮主要来自硝酸铵（NH_4NO_3）或者是硫酸铵（磺胺）（$(NH_4)_2SO_4$），磷主要来自磷酸一钙，钾主要来自于硫酸钾（K_2SO_4）。

◎微量成分

　　为了植物的健康成长，只有三大营养素是不够的，还需要含有锰（Mn）和硼（B）等微量元素的成分。天然的有机肥料中含有这些微量元素，但化学肥料里是没有的。因此，有必要混合微量元素之后再施给植物。

化学肥料的有害性

化学肥料里并没有对人体健康有直接影响的物质。其危害性体现在对土壤及对环境的危害上。

给植物补充三大营养素的化学肥料几乎都是强酸盐（只有硫酸钾是中性的）。把这些肥料撒在地面上，土壤就会变成酸性的。如果想要中和酸性，就要在土壤中撒熟石灰（$Ca(OH)_2$）等碱性物质。如此反复，土壤中的菌类以及蚯蚓等生物会随之减少，土壤因此变得僵硬、贫瘠。另外，化学肥料的施用量很难准确地把握，如果施肥的量超过所需量，这些肥料就会随着雨水流入河流和湖泊，造成水体富营养化。

为了供给地球上 60 亿人类食物，化学肥料是不可或缺的。但是，与自然界的平衡问题也需要我们加以重视。

本节重点

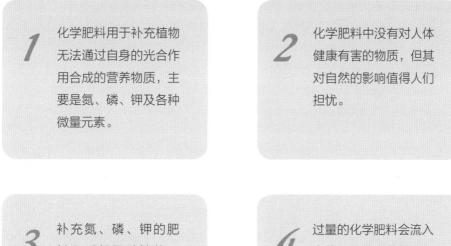

1 化学肥料用于补充植物无法通过自身的光合作用合成的营养物质，主要是氮、磷、钾及各种微量元素。

2 化学肥料中没有对人体健康有害的物质，但其对自然的影响值得人们担忧。

3 补充氮、磷、钾的肥料几乎都是酸性的，会导致土壤酸化，变得贫瘠。

4 过量的化学肥料会流入水体，导致富营养化，形成浮游藻类大量繁殖的"水华"现象。

060 如何安全使用老鼠药？

灭鼠剂是用来杀死老鼠或者鼹鼠等小型有害动物的药剂，也被称为老鼠药。在过去，砷化合物、黄磷制剂、铊化合物和番木鳖碱等都曾被用作老鼠药。因为老鼠是哺乳类动物，因此对于老鼠来说是毒药的话，那么对人来说也是毒药。因此，现在人们正在研发对人体无害，仅对老鼠有毒的毒药。但是，开发出满足这样的条件，效果又好的药剂并不是一件容易的事。

灭鼠剂的种类

◎**氧杂茶邻酮：**现在广泛使用的是以有机化合物氧杂茶邻酮为导体的华法林钠和二苯茚酮。人类也将华法林钠作为脑梗死的防治药来使用。这种药是通过降低老鼠血液的凝固机能，使其器官内出血来使其死亡的。在市面上，以"杀鼠灵"为产品名在贩卖，但是由于要连续服用五天才有效果，所以普及率并不太高。

◎ **Norbomide：**是一种新型灭鼠剂，其效果根据老鼠的种类不同会有很大差异。对于大型鼠类（家鼠或黑家鼠等）可以发挥很强的药性，但对其余的小型鼠类（小家鼠类）或其他动物，以及对人类一点危害也没有。

◎**红景天苷：**从红景天等植物中提取的化合物。对啮齿类动物以外的物种有很强的催吐作用，人如果误食后会导致呕吐，但不会有太大的危险性。

◎**无机物：** 虽然被广泛使用，但是成分里有毒性很强的磷化锌、硫酸钾等。

◎**病原菌：** 这种方法即培养老鼠的传染病菌鼠伤寒沙门氏菌，混合在食物中。虽然效果较好，但因为卫生原因，已被禁止使用。

使用灭鼠剂的注意事项

灭鼠剂全都是以食物的形式给老鼠吃的，因此宠物也有可能会误食，如果放置的位置不当，甚至可能会被幼儿误食，造成严重的后果。因此，灭鼠剂是需要经过充分研究安全对策后才能放置的毒药，在使用中一定要注意。

本节重点

1 灭鼠剂（老鼠药）既要对老鼠有杀灭作用，又要保证人畜安全，因此很难研发。

2 "杀鼠灵"可通过降低老鼠血液的凝固作用而将其杀灭，但不会使老鼠当场死亡。

3 目前使用最广泛的老鼠药成分是无机物，其成分中含有剧毒物质，要小心使用。

4 为了不让宠物和幼儿误食老鼠药，应该将老鼠药放在一个可以确保安全的地方。

061 哪些爬行类动物有毒？

说到爬行类动物，我们一下就会想到的蛇、蜥蜴、龟，可能是由于毒蛇的形象太过强烈，所以会感觉全部的爬行类动物都有毒。然而，世界上并没有有毒的龟，有毒的蜥蜴也不过是少数，代表性的有吉拉毒蜥、墨西哥毒蜥和科莫多巨蜥。所以，我们接触得到又需要注意的有毒爬行类主要就是蛇。

广为人知的毒蛇

正如印象中的一样，蛇毒的毒性很强。最广为人知的带有剧毒的毒蛇有褐斑蝮蛇、响尾蛇和海蛇等。此外，还有一种虽然有毒腺但没有被定义为毒蛇的虎斑颈槽蛇，因为其毒腺与毒牙没有导管联通，尽管如此，仍然发生过虎斑颈槽蛇咬死人的事例。由此看来，对蛇是一定要多加注意和小心的。

毒素的强度一般以半数致死量 LD_{50} 来衡量。半数致死量指的是 100 人服用了一定量的毒素后，当中有 50 人（一半）死亡的量，LD_{50} 的值越小，毒性就越强。

将毒蛇的 LD_{50} 进行比较的结果是：蓝灰扁尾海蛇（ 0.21 毫克 ）> 虎斑颈槽蛇（ 0.27 毫克 ）> 褐斑蝮蛇（ 1.5 毫克 ）> 响尾蛇（ 3.42 毫克 ）。即响尾蛇的毒性最弱。虎斑颈槽蛇的毒牙在嘴的两边，如果被咬得很深，毒素就会注入体内。有研究认为其毒液不通过毒牙导管，而通过其他物理方式进入被咬者的伤口。

世界上的毒蛇

世界上有名的毒蛇有很多，例如眼镜蛇、响尾蛇，毒性更强的有太攀蛇，还有一旦被咬到走满 100 步之前人就会丧命的百步蛇。

在交易频繁的今天，并没有可以保证域外毒蛇不会混入货物中侵入我国的保障。也有一些人将毒蛇走私进来当做宠物养，由于蛇的野性，将其放生或其自己逃出的事也不时发生。不仅是以上提到的蛇，只要是蛇都不要接近，这才是正确的处理方法。

本节重点

1 在爬行类动物（蛇、蜥蜴、龟）中，龟是没有毒素的，极个别种类的蜥蜴有毒，需要格外注意的是毒蛇。

2 蛇毒的毒性一般用半数致死量（LD_{50}）来衡量，LD_{50}的数值越小，则毒性越强。

3 海蛇几乎都是毒蛇，而且毒性非常强，多为神经毒，潜水者一定要非常小心谨慎。

4 被划分为无毒蛇的虎斑颈槽蛇也有过咬死人的事例，因此对任何蛇都不可掉以轻心，千万不要接近。

哪些两栖类动物有毒？

在我国栖息的两栖类动物有青蛙、蝾螈和娃娃鱼。两栖类动物是同时进行肺呼吸和皮肤呼吸的动物。因此，大部分人很容易会认为它们既可以在水里生活，也可以在陆地上生活，但是事实上，由于对湿度十分敏感，如果没有水和空气，它们就没办法存活。由于这个原因，两栖类动物中身处灭绝危机的物种有很多。

两栖类动物在成长过程中会进行变态发育，如青蛙是从蝌蚪经过变态发育而成的。

两栖类动物的毒性

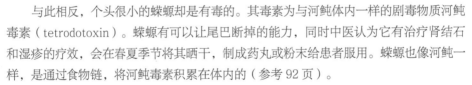

身长可达 1.5 米的日本大鲵是世界上最大的鲵类动物。日本大鲵的日语名字叫做"山椒鱼"，这是因为日本大鲵与山椒树的气味相似，因此而得名。虽然它的体型很大，但一点毒也没有。

与此相反，个头很小的蝾螈却是有毒的。其毒素为与河鲀体内一样的剧毒物质河鲀毒素（tetrodotoxin）。蝾螈有可以让尾巴断掉的能力，同时中医认为它有治疗肾结石和湿疹的疗效，会在春夏季节将其晒干，制成药丸或粉末给患者服用。蝾螈也像河鲀一样，是通过食物链，将河鲀毒素积累在体内的（参考 92 页）。

青蛙的毒性

青蛙中有一些色彩鲜艳却身藏剧毒的种类，例如在南美栖息的毒箭蛙，其毒素很久以前就被当地人用来制作毒箭，涂在狩猎用的弓箭头上。这种毒箭作为获得食物的必要狩猎工具，从饥荒时期开始就一直是守护着当地人温饱的一种工具。

在我国，虽然没有含有剧毒的毒箭蛙，但是亚洲蟾蜍会分泌一种叫蟾酥的毒素。之前有从蟾蜍后头部的耳下腺喷射毒液的事例，因此遇到蟾蜍最好提防一下。毒液如果进入眼睛，后果会很严重。同时，在蟾蜍背部凹凸不平的凸起处也会喷射出乳白色的毒液。中医认为，蟾蜍的毒液经特殊处理后可入药，但一定要在医生的指导下方可使用。

哪些鱼带有毒刺？

食用了含有毒素的河鲀会引起严重的中毒，那么除了河鲀，还有其他有毒的鱼吗？鱼的毒素分为两种，一种是鱼肉有毒，这种情况并不全是危险的；另一种是鱼刺上有毒，人被刺到之后，会因为严重的疼痛感而导致要住院。因此，在钓鱼时要十分注意，钓到不认识的鱼切勿乱摸，此外，市场上卖的某些鱼虽然已经把有毒的鱼刺斩掉，也会有被因遗漏残留的鱼刺刺到的危险。

可以在市场上看到的有毒鱼类

在我们吃的鱼类中，带有毒刺的具有代表性的鱼是虎鲀。它的身体鼓鼓的，看起来像生气的表情，样子一看就像是有毒的，实际上它的确有毒。虎鲀的背上有一排像突出的骨头一样的鱼刺，鱼刺里有毒，因此在市场上，人们都是把其背鳍剪掉再卖的。购买时一定要仔细看清楚。

在软岩的暗礁地带生活的河鲀，其背鳍也有毒刺。另外，鳐鱼背部与尾部相接处有又大又尖锐的鱼刺，人被刺到会非常疼痛，坐立难安。

钓鱼时能看到的有毒鱼类

钓鱼的时候，如果钓上一种长达 10 厘米，像红色金鱼那样的鱼时务必要小心。那可能是红鳍赤鲀，它的背部有骨刺，被刺到会感到剧痛。由于是小型鱼，毒性也比较弱，虽然不会出大事，但大概会痛一个小时左右。处理的时候最好把骨刺整个切下扔掉。

在暗礁地带很容易会钓到鳗鲇。鳗鲇像是长着黄色竖条纹的小鲇鱼，其背鳍和胸鳍上都有毒刺，如果被刺到，会突然袭来难以忍受的疼痛。另外，鳗鲇主要是几十条聚成圆圈行动，由此形成鱼群。因此，如果钓到一条，就很可能会连续钓到。

在软岩地区慢悠悠、优雅闲游的环纹簑鲀会让人看到就有伸手抓住它的冲动，但千万不要尝试。它也是背鳍和胸鳍上有毒刺。"美丽的东西都是有毒的"，这一说法在鱼类里无一例外。

茅台酒中
含有什么特殊的成分?

　　围绕"酒是有害物质吗"这个问题,一定要从多方面进行讨论。有人把酒誉为"百药之首",而更多的人则认为它会成为"身体里的毒"。就算进行再多的争论,也无法得出准确的结论。就算得出一个确定的结论,也一定是针对酒的不同种类和严格的饮酒量而言的,而且,每个人的体质都不同,具体到某一个人,他喝多少的量才对身体有益?超过哪个量会伤身?有没有一点酒都不能喝的人?有没有年轻时很能喝酒的人到了某个年纪就不能喝了?这些问题很难得到确定的答案。

　　酒的种类五花八门,可以用不同的粮食来酿酒,也可以做出玫瑰酒、猕猴桃酒等花酒、果酒。制作的方法也有很多种。其中,比较特别的是被称作"国酒"的茅台酒。茅台酒的原料是高粱,这并不是什么特别的材料,特别的是酿造的方法。其酿造方法是不用水,而直接用蒸煮过的高粱来发酵。这也被称为固体发酵,是最传统的酿酒方法,以至于有人评价说"茅台的生产工艺是我国白酒工艺的活化石"。

　　因为是蒸馏酒,所以酒精浓度想制成多少度都可以,而茅台酒的标准度数是53度。威士忌是45度。可见茅台酒的度数并没有比"洋酒"高多少,但是喝完之后却会深感醉意,比想象的容易醉。有人怀疑,难道茅台酒中除了酒精之外还有别的会麻痹人神经的物质吗?如果非要说有什么特别之处的话,可能是因为茅台酒对原料的选择非常讲究,只能选择当地的高粱品种来制作,而不能使用外地高粱。

高粱

Part

6

工业用品中的有毒物质

随着工业的发展，世界各地的工厂越来越多。工厂里使用的化学药品曾引起过很多的公害病，如水俣病、痛痛病、四日市哮喘病等，其遗留下来的痕迹直至今日都还存在于社会各处，甚至在想象不到的地方也可能隐藏着有害物质。为了不再次经历公害病引起的痛苦，我们应当对此加倍注意。

064 稀释剂对人体有多大的危害？

稀释剂的英文是 thinner，直译就是"更加稀薄"，它是指将油漆、清漆、生漆等涂料稀释，使其变得更易涂抹的溶媒或者溶剂。

在美甲时用的抛光剂或者黏上去的一次性物质剥落时用到的剥离剂也是稀释剂中的一种。

稀释剂的成分

稀释剂是将几种有机物混合而成的混合物，并不是由苯或者甲苯这种单一的分子结构组成的。因此，不同公司制作的稀释剂其成分各不相同。

最初用于制作稀释剂的原料有苯、甲苯、醋酸乙脂、丙酮以及乙醇等。然而，随着苯、甲苯、醋酸乙酯的有害性被发现，如今已经限制使用这些物质。

稀释剂的危害

稀释剂变得引人注目的原因是其致幻作用。追求其致幻作用而发生事故的青少年有很多。也有因一次性大量吸入稀释剂导致急性中毒而丧命的青少年。

由于会引起幻觉，以及含有中毒性，苯、甲苯、醋酸乙酯等物质作为稀释剂正被限制使用。

干洗溶剂或者清洗精密仪器时使用的汽油（石油）也是稀释剂的一种。分离蒸馏石油时，沸点为 30~150℃ 馏分的石油叫做汽油（也被称为 gasoline）（参照 24 页）。各种碳氢化合物的混合物都有其独特的味道，由于它们具有很强的易燃性，因此使用时一定要注意明火。

不仅是汽油，由于稀释剂都有可燃性和易燃性，所以一定要避开明火，并在通风处使用才行。

本节重点

1 稀释剂是一种溶媒或溶剂，在日常生活中广泛使用，包括美甲用品、干洗溶剂、油漆稀释剂、颜料稀释剂等。常见的一种稀释剂叫做香蕉水，又名天那水，有较浓的香蕉气味。

2 稀释剂一般是几种有机物的混合物，并非由某一种有机物构成。例如香蕉水是将乙酸乙酯、乙酸正丁酯、苯、甲苯、丙酮、乙醇、丁醇按一定重量百分比配制成混合溶剂。

3 稀释剂的危害主要表现在三个方面：第一是本身具有毒性（如苯、甲苯、醋酸乙酯）；第二是有致幻作用，可因大量吸食而丧命；第三是具有易燃性，遇到明火会发生事故。

4 使用稀释剂时切勿点火抽烟，以免发生意外。另外，最好在通风处使用稀释剂，一方面可防止其燃烧或爆炸；另一方面可以减少人体对其挥发物的吸入量，降低对身体的损伤。

陶瓷的釉彩中潜藏哪些危害？

陶瓷器是指用黏土塑造成型后，将制成的容器放到1000℃以上的高温中烧制后，得到的坚硬的容器。陶器中既坚硬又薄、呈白色、透水性低的就是瓷器，但从科学的角度上看，陶器和瓷器是没有区别的。

釉料的作用

黏土质容器经过第一次烧制后得到的产物，不能得到充分的透明性，不仅会渗水，同时其颜色也被固定了，因此很难用其表达设计者的想法。因此，人们研发出了一种方法，即经过第一次烧制后，在其表面涂上一层琉璃质涂料。在此过程中，使用的就是釉料。

釉料的原料主要是长石、硅石和石灰。同时，为了使陶瓷能够上色，还会在釉料中添加重金属。釉料之所以危险，正是因为其中含有重金属的缘故。青花瓷（带有蓝色花纹的瓷器）的青色，灰釉（用植物灰烬作为溶剂制成的草木灰水）的浅绿色，志野烧（日本岐阜县土岐市的特产陶器）的绿色，这些是各自其中含有的钴、铁、铜元素的颜色。

釉料的毒性

朱砂釉料里虽然有铜，但由于只有微量，因此对健康几乎没有什么影响。问题出自于铅。釉料里如果有铅的话，颜色就会变得鲜明，再加上如果有铅的话，就算烧制温度不高也可烧成，既容易又便利，从经济性的角度上看简直是一举两得。

然而，铅的毒性在这本书里也屡次提起过。特别是用含铅的釉料制成容器由于烧制温度低、加之又柔软，使用时容易出现缺口，或者容易在酸（食醋等）中溶解出来。因此，如果价格低廉的陶瓷器色彩又鲜明，又容易出现缺口，则可能在制作过程中使用了铅，最好不要购买和使用。

颜色	釉料中含有的金属
紫色	锰、铜、钴
蓝色	钴、铜
绿色	铬、铁、铜（绿色系的颜色主要是因为铬的存在）
绿色（荧光）	铀
黄色	银、镍、铬、镉
褐色	铁、硫
纁色	硒、镉
赤色	金、铜、钴、硒、镉
红紫色	钕、锰
黑色	锰、铬、镍、钴、铁、铜

066 防冻液中添加了
有害成分吗？

防冻液是指在水冷式发动机的冷却机里，冷却器内部循环的水。在寒冷的冬天里，冷却器里的淡水会在细管中冻住，然后体积膨胀导致细管爆裂。因此，需要放入能使其不被冻住的液体。那就是防冻液。

防冻液的主要成分是水和乙二醇（熔点为 -12.6℃）或者二甘醇（熔点为 -10.5℃）的混合物。通过调整混合比例，防冻液的抗寒性也会随之不同。市面上卖的防冻液会添加防止生锈的防锈剂，以及能提高冷却效果的消泡剂等。然而，这种防冻液的有害成分会以意想不到的形态进入到我们的嘴里。

防冻液的有害性

防冻液的危险性来自乙二醇和二甘醇。由于性质相似，二者也会混合起来使用，在有害性方面，二者都差不多。

二甘醇对肝、肾脏和中枢神经有危害。如果进入到人体内，会引起腹泻和呕吐，并可能引发肾衰竭，甚至导致死亡。在美国，二甘醇曾一度作为药剂（糖浆）的增量剂使用，并因此使很多人受害。

乙二醇有着和二甘醇几乎一样的毒性，但其毒性比二甘醇更强。这是由于它的半衰期很短，分解得很快。另外，由于防冻液和糖浆一样具有甜味，且喝起来有浓稠的感觉，因此也发生过误喝防冻液而中毒的事例，以及故意将防冻液和饮料混合起来给人饮用的犯罪行为。

防冻液和红酒

1985 年发生了在红酒里掺入防冻液的事件。澳洲某生产红酒的厂商为了将价格低廉的红酒假装成高级货，在红酒里掺入了二甘醇。此后，进口了相关红酒、并将其当做自己公司品牌的红酒来卖的各国厂商也因此受到了牵连。

类似的事件还有更多。1998 年，印度德里附近的某村镇发现有 36 名 6 岁以下的儿童肾功能严重衰竭，最后有 33 名儿童死亡。调查发现，这些孩子都服用了一种含有 17.5% 的二甘醇的止咳糖浆。

本节重点

1　防冻液是水和乙二醇或者二甘醇的混合物，市售的防冻液还会添加防锈剂、消泡剂等。

2　防冻液具有甜味和黏稠感，误食或混入食品中会很危险。

3　乙二醇和二甘醇的毒性几乎一样，其中乙二醇的毒性更强，可引起腹泻、呕吐，甚至由于肾衰竭而死亡。

4　曾经发生过一些故意将防冻液和饮料混合起来给人饮用的犯罪行为，因此必须提高警惕。

067 芳香族化合物中有致癌物质吗？

在有机化合物中，有被称为芳香族的群体。这里说的芳香族与香味没有关系。要对芳香族进行定义，是相当难的一件事。一般来说，将带有六角形模样的苯环的物质看作芳香族就行了，其种类也十分繁多。

芳香族里的代表苯是具有特殊香气的无色液体，熔点是 5.5℃，沸点是 80.1℃，密度为 0.87（比水轻），在寒冷的时候会凝结成固体，溶于大部分有机物，不溶于水。在工业中，苯既是相当重要的原料，也是重要的溶剂，但它也被指出具有可诱发癌症的有害性。

连着甲基的芳香族化合物

C_7H_8

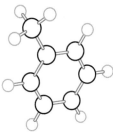

在苯的化学键上连着一个甲基（-CH_3）的化合物叫做甲苯。虽然甲苯从以前开始就多被当做溶剂使用，但由于其具有致幻作用等有害性，因此在使用时应多加注意。

连着其他化学键的芳香族化合物

在苯的化学键上连着一个羟基（-OH）的化合物叫做苯酚（石炭酸），用于消毒药等物质中。

羟基和甲基都有的化合物叫做甲酚，多用于消毒剂和防腐剂中。

连着两个氯原子的对二氯苯是放在衣柜里的防虫剂的主要成分。

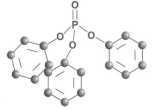

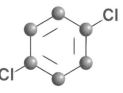

连着两个以上苯环的化合物

　　有着两个苯环相连的分子构造的化合物叫做联苯。在联苯上连着氯原子的化合物叫做 PCB（多氯联苯）。PCDF（多氯二苯并呋喃）是将 PCB 的苯环用氧原子联结起来的构造。二噁英也是将两个苯环用氧原子联结而成的苯诱导剂。

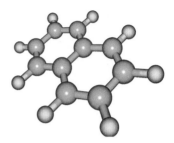

　　由两个苯环缩合而成的萘多被用于衣柜里的防虫剂和洗手间里的除臭剂里，以往的卫生球就是用萘制成的。萘与干冰类似，有从固体状态直接变成气体的性质。由于其强烈的毒性和致癌性，已被禁止使用。

本节重点

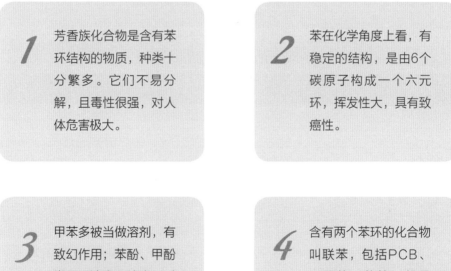

1 芳香族化合物是含有苯环结构的物质，种类十分繁多。它们不易分解，且毒性很强，对人体危害极大。

2 苯在化学角度上看，有稳定的结构，是由6个碳原子构成一个六元环，挥发性大，具有致癌性。

3 甲苯多被当做溶剂，有致幻作用；苯酚、甲酚常用于消毒和防腐，对皮肤、黏膜有强烈的腐蚀作用。

4 含有两个苯环的化合物叫联苯，包括PCB、二噁英、萘等，都是"臭名昭著"的有毒物质，有致癌性。

VOC（挥发性有机化合物）
有害吗？

VOC（Volatile Organic Compound）是指挥发性有机化合物，即常温、常压下很容易变成气体，并与大气成分混合的有机化合物的总称。

VOC的种类

VOC典型的种类有苯、甲苯、氟利昂类和二氯甲烷。这些物质被广泛使用在油漆等涂料溶剂（稀释剂）或空调热载体中。然而，这些物质全都有致癌性，会给健康带来不好的影响，也是会带来一系列公害如臭氧空洞、光化学烟雾的有害物质。由于这些物质挥发后，会以气体的状态扩散到大气中，因此很难对其进行回收。

挥发性有机化合物的种类

名称	结构	沸点（℃）	用途
苯		80.1	溶剂、反应溶媒
甲苯		110.6	—
二甲苯		138.0~144.0（随异形体不同而不同）	—
二氯甲烷	CH_2Cl_2	40.0	—
四氯乙烯	$Cl_2C=CCl_2$	121.0	溶剂、反应溶媒、干洗
氟利昂11	CCl_3F	23.8	清洗精密仪器、空调
氟利昂12	CCl_2F_2	−30.0	—
醋酸乙酯	$CH_3COOC_2H_5$	77.1	溶剂、反应溶媒
氯仿	$CHCl_3$	62.0	—
丙酮	$(CH_3)_2C=O$	56.5	—

VOC的产生

在与涂料、清洗剂、黏合剂和墨水等涂料相关的产品中产生的 VOC 数量最多，占 VOC 总量的 75% 左右。同时，从行业上看，和涂料相关的行业排出的 VOC 也是最多的。

涂料国标《GB18582-2001 室内装饰装修材料内墙涂料中有害物质限量》中对 VOC 含量的定义是："涂料中总挥发物含量扣减水分含量，即为涂料中挥发性有机化合物含量。"一般说来，材料中所含 VOC 越少，它对人体的危害就越轻微。涂料国标中对内墙涂料中 VOC 含量的要求是：不得高于每升 200 克。

VOC的有害性

VOC 对人体健康有巨大影响。当居室中的 VOC 达到一定浓度时，短时间内人们会感到头痛、恶心、呕吐、乏力等，严重时会出现抽搐、昏迷，并会伤害到人的肝脏、肾脏、大脑和神经系统，造成记忆力减退等严重后果。

VOC 不仅自身有害，还会引起二次损害。譬如，引起光化学烟雾的关键物质光化学氧化物和出现悬浮颗粒的成因都是 VOC。因此，各个国家都在限制主要的 VOC 排放设施的使用。

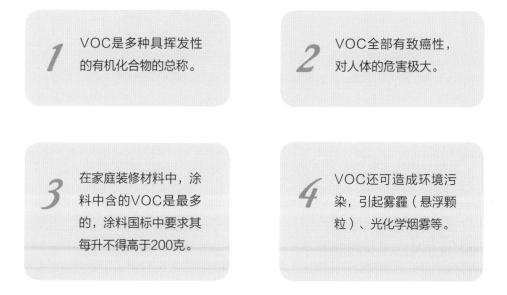

本节重点

1 VOC是多种具挥发性的有机化合物的总称。

2 VOC全部有致癌性，对人体的危害极大。

3 在家庭装修材料中，涂料中含的VOC是最多的，涂料国标中要求其每升不得高于200克。

4 VOC还可造成环境污染，引起雾霾（悬浮颗粒）、光化学烟雾等。

069 硫化氢的危害有多大?

从 2008 年开始，接连发生使用硫化氢自杀的事件，由此成为了社会问题。无论在哪个家庭里，将清洁剂和沐浴露混合后都可以轻易得到硫化氢。作为对人体有害的存在，却可以如此轻易被制成，这一点再次成为了问题。

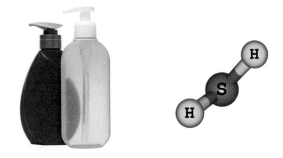

硫化氢的性质

硫化氢的相对密度是 1.1，比空气重。因此无法散发，会残留在自杀者的衣服上。这种残留在衣服上的气体会给救助者带来二次危害。

硫化氢是混合在火山气体里，散发出硫黄气味的无色气体。毒性十分之强，浓度达到 0.1%~0.2% 的话，人会马上死亡。这是因为硫化氢会与血液中的血红蛋白相结合，破坏血红蛋白运输氧气的功能，进而导致细胞乃至人缺氧死亡。

如果发生硫化氢中毒，就算抢救过来也可能会有脑损伤的后遗症。同时，由于与硫化氢结合的血红蛋白会变成绿色，因此会出现尸体形成绿褐色的尸斑或者内脏变成绿色或紫色的情况。

硫化氢的有害性

硫化氢虽然具有臭鸡蛋气味，但它同时具有麻痹嗅觉的作用。因此，当浓度较低（没有什么危险性）的时候会闻到臭味，但一旦浓度超过了危险标准，反而会闻不到任何味道。所以，真正处于危险状态的时候，人们往往容易毫无察觉。这也是硫化氢之所以危险的原因之一。

由于硫化氢是一种火山气体，所以曾经有过多起事故报道，有人在火山地带滑雪时，滑进了硫化氢水洼里当场死亡。同时，也有脚刚一踏进温泉地贫瘠的土地上，就因沉积在此的硫化氢当场丧命的情况。因此，去火山、温泉旅行时务必加强戒备。

在办公室天花板上使用的石膏板虽然是由石膏 $CaSO_4 \cdot 2H_2O$ 制成的，但其中也使用了硫黄（S）。这种废弃材料会被埋入地里，或被溶解后进入地下管道，经过在地下繁殖的厌氧菌的作用，就会产生硫化氢。2002 年，在日本爱知县的半田市里，发生了参加窨井工程的五名工人因硫化氢中毒而死亡的事故。

本节重点

1 硫化氢是一种让人闻之色变的剧毒气体，低浓度时有臭鸡蛋气味，但高浓度时却闻不到气味，并且由于它比空气重，可以残留在衣服上，会给救援人员带来二次危害。

2 在日常生活中，千万不要同时使用清洁剂和沐浴露，因为这两种产品中的成分可以发生反应，生成硫化氢，导致中毒事件的发生。

3 硫化氢中毒的患者即使保住了性命，也很可能发生不可逆转的脑损伤，留下后遗症。

4 在自然界中也存在硫化氢，尤其集中在火山、温泉附近，以及曾经埋过石膏类废弃材料的土地中。

070 氯和其他物质混合后的危害有多大？

氯的有害性不必多说。在过去，氯是日常生活中每天都会接触到的物质。然而，现在的家庭都会使用各种化学物质制成的产品，因此，连生产者都没有预想到的化学反应在家庭里发生了，由此导致了预想不到的悲剧。在家庭里产生的意料之外的有毒物质中就有前面提到的硫化氢（H_2S）和氯气（Cl_2）。

氯的性质

氯可在食盐（氯化钠，NaCl）电解后得到。此外，含氯的化合物还有比空气重的黄绿色气体盐酸（HCl）、三氯甲烷（$CHCl_3$）等工业用原料，以及氯乙烯、偏二氯乙烯等制造塑料的原料，这些都是工业中必不可少的物质，其需求和产量都极大。

虽然氯很常见，但是它具有很强的毒性，对人体的眼睛和皮肤黏膜有很强的刺激性，如果吸入体内，还会对肺和支气管等呼吸器官带来损伤，严重时甚至会因呼吸衰竭而导致死亡。另外，如果接触了含氯液体，会诱发炎症。在第一次世界大战时，氯作为人类史上最初的化学武器被投以使用，从这一点便可知其毒性之强。

氯的产生

氯作为如此危险的物质，却可以在日常的家庭中轻易产生，这就是现代化学的可怕之处。漂白剂中有氯系漂白剂。同时，家庭中使用的浴室清洁剂里含有盐酸，具有很强的酸性。如果将二者混合，就会产生剧毒的氯气（参照2页）。

氯的有害性

清洁剂和漂白剂是化学物品，混合化学物品就会发生化学反应。但是，大部分人对化学反应都不是很了解，很难推测会产生什么后果。研发出清洁剂和漂白剂的人大概也完全没想过这两种产品有可能在家庭中被混合。作为产品的化学品虽然可以确定其自身的稳定性，但不能保证与其他化学产品混合后仍具有安全性。

如果在家庭中突然吸入不小心产生的氯气，那么和在战场上吸入毒气是没有区别的。战场上的战士或许还有一定的心理准备，但在家里洗衣服的主妇们是不可能有那样的准备的。因此，我们一定要小心使用各种化学产品，尤其是清洁用品。

本节重点

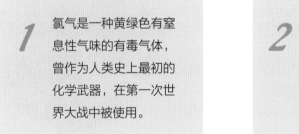

1 氯气是一种黄绿色有窒息性气味的有毒气体，曾作为人类史上最初的化学武器，在第一次世界大战中被使用。

2 氯气对人的眼睛、皮肤黏膜有刺激作用，并会损伤肺、支气管等呼吸器官，可导致失明、呼吸衰竭，甚至死亡。

3 家用的氯系漂白剂和浴室清洁剂混合之后会生成氯气，切不可将二者同时使用！

4 即使单独使用某种清洁用品，也务必戴上手套、口罩等防护用品。

071 我们现在仍需要警惕石棉吗？

石棉是非常纤细的岩石纤维的结合体。它具有高度耐火性、电绝缘性和绝热性，是重要的防火、绝缘和保温材料。但是由于石棉纤维能引起石棉肺、胸膜间皮瘤等疾病，许多国家选择了全面禁止使用这种危险性物质。

石棉的性质

石棉不是人造材料，而是一种天然矿产，它虽然看起来像棉花，其破碎的纤维好像粉尘一般，但实际上它的每一根纤维都像钢铁一样结实，而且这些纤维的粗细仅为头发丝的五千分之一，无法用肉眼来一个个辨认。

由于石棉具有易弯曲的特性，可以像纤维一样织成布。因此，在需要耐火的地方就会使用用石棉织成的不燃布。同时，如果将石棉像棉花一样解开，由于含有很多空气，便具有了很好的隔热性。由于石棉同时具有耐火和隔热的效果，因此常被使用在建筑上。

石棉的危害

石棉的种类较多，其中，最为常见的是温石棉、青石棉和铁石棉。其中青色的石棉和褐色的石棉作为角闪石质石棉，性质相似，但是白色的石棉作为蛇纹石质石棉与剩下的两种石棉不同。从毒性上看，白色石棉毒性最弱，青色石棉的毒性最强。

石棉的主要危害体现在其纤维又细又长、像钢铁一般结实的特点上。随着呼吸到达肺部的石棉会嵌入细胞中，长时间持续给肺部带来物理性刺激。如果经过 30 年左右的刺激，细胞最终会病变成癌细胞，引发类似间皮瘤的癌症。

石棉引发的社会问题

石棉的致病有时需要30年左右才会出现症状，受害最大的是在石棉矿和工厂、造船厂、热化和建筑业工作的人，而且石棉如果沾染在衣服上，建筑工人回家之后就会把粉尘带给他的家人：妻子、孩子，甚至是婴儿。

20世纪70年代是大量使用石棉的高度成长期。因此，那时从事建筑业而吸入了石棉的人，如今则到了出现症状的时候。不仅如此，那时盖的建筑老化到需要拆迁的时候，石棉粉尘也随之出现了。想要完全阻止这些仅有头发丝的五千分之一粗的物质在空中飘浮绝非易事。

在改造旧房或重新装修时，哪怕是装太阳能的时候，都需要有专业的石棉移除人员来进行操作。石棉移除及堆放的地方是工业禁区，进入禁区的人员需要有全面的呼吸及全身性的保护措施。

本节重点

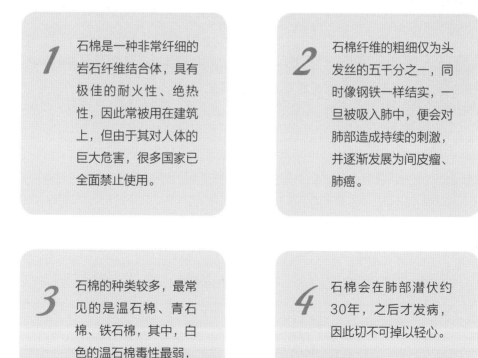

1 石棉是一种非常纤细的岩石纤维结合体，具有极佳的耐火性、绝热性，因此常被用在建筑上，但由于其对人体的巨大危害，很多国家已全面禁止使用。

2 石棉纤维的粗细仅为头发丝的五千分之一，同时像钢铁一样结实，一旦被吸入肺中，便会对肺部造成持续的刺激，并逐渐发展为间皮瘤、肺癌。

3 石棉的种类较多，最常见的是温石棉、青石棉、铁石棉，其中，白色的温石棉毒性最弱，青石棉毒性最强。

4 石棉会在肺部潜伏约30年，之后才发病，因此切不可掉以轻心。

072 水银是如何在人体中积累的？

提到金属的特点，大部分人都会首先想到很重（密度大）这一点，但事实上，也有会浮在水上的金属。锂（密度 0.54）或铝（密度 2.7）等密度比 5 小的金属被称为"轻金属"，密度比 5 大的金属则被称为"重金属"。重金属对人体有毒，因此需要多加注意。

水银引起的公害

在各种重金属中，以毒性强而闻名的金属就是水银。在世界著名的公害病中，因水银而引起的病就有两种，水俣病和第二水俣病。水俣病是因熊本县水俣市里的化学工厂向水俣湾里排放含有甲基水银的废水而引发的一种病。

废水在浩瀚的海水里虽然被稀释变淡了，但甲基水银依然能被浮游生物吃进体内，水银会浓缩富集在其体内。吃了浮游生物的鱼类体内则浓缩了更多的水银，经过这样的食物链，最终进入到人体体内的则是富集至高浓度的水银。

历史上的水银

中国历代皇帝都爱服用被称为"丹药"的长生不死药。丹药的"丹"字是红色的意思，其主要成分是硫化汞。他们认为散发着闪亮的光彩、不会停止流动的水银是生命的象征。然而，将其加热的话，就会变成暗红色的固体（氧化汞），此时则象征死亡，将其再次加热的话（分解）就会再次变回水银，此时就象征着生命的复活。因此，水银就象征着长生不死。历代服食了含水银的"丹药"的君王如果面如死灰，声音嘶哑，脾气暴躁，很可能就是因为水银中毒而造成的。

人们推测古代日本也曾受到过水银的危害。奈良（日本的一个观光都市）的大佛，制造时用了镀金因而散发出夺目的光芒。镀金主要用了汞的合金"金汞膏"。其原理是将浓稠的金汞膏涂在大佛上，然后在其内部加热，只蒸发水银而留下金由此在大佛上成为镀金。然而，此时产生的大量水银蒸汽沉积在了奈良盆地里，人们吸入了这些水银蒸汽，还食用了混合了水银的地下水，由此造成大规模的水银公害事件。

本节重点

1　重金属（密度大于5的金属）对人体有毒害作用，其中水银（汞）的毒性很强。

2　汽化后的水银很容易被人体所吸收，另外，水银还可以通过生物富集作用集聚到人体内，累积得越多，毒性越强。

3　水银随工厂废水排放到环境中可引起公害病，例如日本的水俣病。其原理是通过食物链的生物富集作用，使人体摄入高浓度的水银。

4　中国古代皇帝服用的"丹药"主要成分是硫化汞，在唐朝的21位皇帝中，至少有5位是因为服用丹药中毒而丧命的。

073 镉中毒是什么？

在人类早期的生活中，几乎没有可以接触到金属镉的可能。但在第二次世界大战时曾使用过的反坦克的吉普车的引擎中，其机械装置变成了暖黄色的镀金，这就是镉合金。

镉的用途

在现代社会中，镉主要作为镍镉电池的原料被使用，人们几乎每天都可以接触到。

油画颜料中的镉黄也有其存在。同时，核能发电站里也在使用以镉制成的操纵杆。操纵杆是一种为了吸收多余的中子，再将其以原子的形式输出的装置。可以说镉对核反应堆有着最为重要的影响。

虽然镉有如此多的用途，但它是一种对人体有害的金属。再加上镉的沸点很低（765℃），很容易变成气体，因此具有易被人体吸收的特点。

镉的有害性

镉的有害性是在 20 世纪 60 年代，引发了日本富山县神通川流域出现的痛痛病后才被人所知的。这种奇怪的病主要出现在生活在农村的中年以上的妇女身上，患者会出现骨骼软化，容易骨折的症状。最后会发展到无法站立，只能躺在病床上生活的严重程度，甚至连打喷嚏都会造成骨折，十分悲惨。患了这种病的患者会一边喊着"Itai－Itai"（在日语中是"痛死了，痛死了"的意思），一边哭诉着自己的痛苦，因此得名"痛痛病"。

虽然痛痛病在当时已经是一种被人熟知的"病"，但在很长的一段时间里都被看作是一种奇怪的地方病。直到经过日本金泽大学医学部调查后，才发现是镉中毒所导致的。

这种病的起因是由于神通川一带有锌矿石这种矿产资源，而锌矿石几乎全都是和镉一起产出的。可是，在大正时代（1912~1926年）和昭和时代（1926~1989年）初期，由于镉的需求量不多，其废液就直接流入了神通川里。这些废液渗透在神通川流域的农田里，农作物吸收了含有废液的水而生长，因此全部都富集了镉，而附近的农民，特别是女性，吃了这些农作物后，身体就受到了损害。痛痛病的发病也成为了"土地污染"这一新概念诞生的契机。

本节重点

1 镉是一种用途广泛的重金属，可做电池，可做颜料，与此同时，它也是引起日本著名公害病"痛痛病"的原因。

2 镉会通过食物链浓缩富集在生物体中，富集在人体的镉会使人体骨骼中的钙大量流失，从而引发身体变形、无法站立、骨折、疼痛等一系列症状。

3 作为一种金属，镉的沸点很低，因此很容易变成气体，被人体吸收而引起中毒。所以，镉不仅能污染食物，也会污染空气。

4 镉排放到环境中（尤其是水体中）之后，无法被微生物降解，只能发生迁移，因此最终必然会富集到人体内，这一点为环境污染问题敲响了警钟。

铬是致癌物质吗？

以单元素物质金属块的形态存在的铬（铸块）十分稀有。但是，铬作为其他产品的一部分，却是几乎每天都能看见的一种金属。

铬的用途

水龙头等发出银色光的美丽镀金大多数都是铬镀金。同时，不锈钢的主要成分是铁和铬的合金，其中也有混入少量镍的情况。在镀金或者不锈钢里使用铬的原因是，铬如果像铝一样被氧化，就会变成静止状态，不会再度氧化。

铬存在于一些色彩鲜艳的物质中。红宝石中的红色光芒是在无色的氧化铝（Al_2O_3）中的少量的铬的影响下才显色的。铬酸（H_2CrO_4）的金属化合物通常呈鲜明的黄色，铬酸铅等不溶于水的物质则主要被当做黄色颜料来使用。

铬虽然是一种有用的金属，但它也有很强的毒性。问题就出在其中的阳离子上。铬放出电子后会变成阳离子，根据阳离子的不同价数，有三价铬离子（Cr^{3+}）、四价铬离子（Cr^{4+}）和六价铬离子（Cr^{6+}）这三种。其中，三价铬离子作为人体的必需元素，是人体健康必不可少的营养成分，与此相反，四价的铬离子和六价的铬离子则都是有害的。

铬的有害性

四价的铬离子具有致癌性，而六价的铬离子毒性则更强。六价铬离子的毒性在于其强烈的氧化性，不仅会造成肺癌、胃癌和大肠癌等癌症，还会导致皮肤癌和肿瘤的产生。另外，急性铬中毒典型的症状是鼻中隔穿孔。持续吸入六价铬离子粉尘的时候会出现这种症状，即分隔鼻子左右部分的鼻中隔出现穿孔。

六价铬离子早期多用于镀金中，但由于其废弃物会引起土壤污染，现在已经不再使用了。如果是低浓度废弃物，土壤中的微生物会将六价铬离子还原为无害的三价铬离子；但如果是高浓度废弃物，土壤中的微生物就会被铬离子消灭，之后，六价铬离子就会一直富集在土壤中，并不断扩散转移，给周围的生物和人类带来危害。

本节重点

1 铬是一种十分有用的重金属，可用于制作不锈钢、颜料等，但它具有很强的毒性。

2 在不同价数的铬离子中，只有三价铬离子安全无毒，并且是人体必需的元素，四价铬离子和六价铬离子均有毒，后者毒性更强。

3 六价铬离子具有强烈的氧化性，因此是致癌物。如果吸入其粉尘还会导致鼻中隔穿孔。

4 六价铬离子会造成土壤污染，也会通过生物富集作用聚集在人体内造成毒害。

075 铅中毒是什么？

铅是我们熟悉的一种金属，是制作鱼竿或是霰弹枪的子弹、锡类合金焊锡的原料，也用于铅蓄电池的电极和溶液的硫酸铅（$PbSO_4$）中等。

铅的有毒性

由于铅的毒性十分强，急性中毒时，会出现呕吐、腹痛和休克等症状。如果是慢性中毒，则会出现贫血和消化系统症状，此外还会出现神经系统症状。

金属铅引起的急性中毒虽然不多，但和有机物结合后的铅十分危险。以前，作为抗爆剂使用的四乙基铅（$(CH_3CH_2)_4Pb$）等的烷基铅是和有机物结合后得到的铅化合物。烷基铅至今仍作为飞机燃料在使用（参照25页）。

由于金属铅的有害性，抵制铅的运动愈发热烈。过去的自来水管里也使用了铅，但现在都换成了聚氯乙烯管道。焊锡则使用铋等元素的无铅焊锡来替换铅。同时，将霰弹枪的子弹误认为小石子然后吃掉的鸟会铅中毒，如果吃了这些鸟的肉，也可能会铅中毒。因此，霰弹枪子弹也正在用除铅以外的金属（铁等）来替换。

铅与历史

在罗马帝国的皇帝中，尼禄是非常著名的一个，他年轻的时候十分聪慧，到了老年却出现了精神异常的症状。有说法指出，他之所以出现精神异常症状是因为铅中毒。

中毒的理由源于红酒。罗马人十分喜欢红酒，但当时所有的红酒都有很强的酸味。因此，为了减少酸味，当时的人们会在铅制容器中加热红酒。由此，红酒中具有酸味的酒石酸就会和铅结合，变成具有甜味的酒石酸铅。研究认为，持续摄入这样的含铅红酒，就会导致人发疯。

1845年，英国的约翰·富兰克林带领着134名队员去北极探险。然而，这次探险以全员遇难的悲惨结果收场。造成这一惨剧的原因令人震惊，是由于作为食粮携带的罐头焊接处流出了铅，使队员们的判断能力变得迟钝，最终在探险中遇难。

本节重点

1 铅可诱发急性中毒和慢性中毒。前者会出现呕吐、腹痛、休克等症状；后者会引起贫血、消化系统症状，以及神经系统症状。

2 由于霰弹枪子弹是用铅制成的，因此切勿食用用霰弹枪猎杀的动物，以免造成铅中毒。

3 就算是微量的铅也很危险，长期摄入的话会造成神经系统异常。

4 至今为止，飞机燃料中仍然含有铅，对高空环境造成了极大的污染。

炸药有哪些种类？

炸药是一类能够迅速引起化学反应，同时产生大量热和冲击的物质。作为原子弹爆炸物的铀（U）和钚（Pu）虽然也是炸药，但一般指的炸药并不包括这种原子核反应物（参照 200 页）。

炸药的古今

人类使用最多的炸药是硝化甘油（参照 152 页）和三硝基甲苯（TNT）。这两者的分子中都含有硝基（–NO$_2$）。液体状态的硝化甘油是不稳定的，就算只是受到轻微的物理冲击也会引起爆炸，因此十分危险。与此相反，TNT 是一种黄色结晶状态的物质，结构非常稳定，只有当引线受到冲击才会爆炸，因此在使用上十分便利。

提起炸药，难免让人联想到战争的场面，觉得离日常生活很遥远。事实上，炸药的应用十分广泛，它在土木工程、矿业以及拆除废弃建筑物等一般工程中都是不可或缺的一种物质。

新型炸药

现在，人们所知道的爆炸力最强的炸药是 HNIW，其爆破力是 TNT 的 2.8 倍，为了实现其实用化，人们正在研究如何大量生产这种物质。

与 HNIW 有着相似强度爆破力的炸药中还有一种叫做六硝基苯，它是一种带着六个可造成 TNT 爆炸的硝基原子团的化合物。

理论上来说，呈扭曲形态的 TNTH 应该是爆破力最强的炸药，其爆破力是 TNT 的 4 倍。

炸药的特点就是含有硝基。即，分子的模样变形，带有巨大的能量，一个分子中结合有越多的硝基，则爆破力越强。由于爆炸是高速进行的连续反应，分子中的氧原子越多，就越有利于发生反应。因此带有两个氧原子的硝基被称为爆炸的置换基。

本节重点

1 人类历史上最常用的两种炸药是硝化甘油和 TNT（三硝基甲苯），它们的分子结构中都含有硝基（$-NO_2$）。

2 硝化甘油呈液态，性质不稳定，受到轻微的撞击就会引起爆炸，因此十分危险，作为炸药实用性不强。

3 TNT 呈黄色粉末或鱼鳞片状，结构非常稳定，即使直接被子弹击中也不会引爆，需用雷管进行引爆。它难溶于水，因此可用于水下爆破。

4 HNIW、TNTH 是比 TNT 爆破力更强的两种炸药，从分子结构上看，其分子越扭曲变形，爆破力就越强。

077 炸弹的威力到底有多大？

你能想象得到没有炸弹的矿产产业或土木工程吗？炸弹中使用的炸药是硝化甘油。

制造炸弹的方法

硝化甘油是将甘油用硫酸（H_2SO_4）和硝酸（HNO_3）硝化后得到的一种无色或浅黄色的透明液体，其密度为 1.6，比水重。作为原料的甘油将各种油脂（色拉油或动物油）水解后便可轻易得到。

硝化甘油通过将这样轻易可得到的原料进行简单的化学反应后就可以得到，但它却是爆破力为 TNT 的 1.6 倍的一种强力炸药。硝化甘油有一个致命的缺点，那就是性质相当不稳定，极易爆炸。因此，在保管及运输上相当困难，故实际上并不能作为炸药来使用。

炸弹是提高了硝化甘油的稳定性，使其易于使用而制成的产品。它的发明者是因诺贝尔奖而闻名的阿尔弗雷德·诺贝尔（Alfred Bernhard Nobel）。他将硝化甘油吸附在硅藻土（一种藻类在大海或湖底堆积生长而成的沉积物）上。这样制成的炸弹虽然受到一般冲击的时候不会爆炸，但如果引爆引线的话，就会形成和硝化甘油一样大的爆破力。

硝化甘油的其他作用

　　硝化甘油虽然可以作为制造炸弹的原料来使用，但由于其具有扩张血管的作用，因此也被作为治疗心肌梗死的特效药来使用。硝化甘油具有这样的治疗效果是在炸弹制造工厂里发现的。从事炸弹制造的工人中有心肌梗死患者，这位患者在家里随时会发作，然而在工厂里却一次也没有发作过。以此为契机，人们才发现了心肌梗死与硝化甘油之间的关系。

本节重点

1 硝化甘油是一种无色（或浅黄色）透明液体，其爆破力是TNT的1.6倍。

2 制造硝化甘油的原料是普通甘油，它经过硫酸和硝酸硝化即可得到硝化甘油。

3 作为原料的硝化甘油以单元素物质形态存在时难以运输，且由于性质不稳定也十分危险。

4 将硝化甘油吸附在硅藻土上，就制成了性质比较稳定的炸弹，可用引线来引爆。

078 处理液体炸弹时有多危险？

2007年3月1日开始，所有的国际航线航班都不能携带100毫升以上的液体搭乘。这是为了防止恐怖分子进行液体炸弹攻击而采取的措施。

液体炸弹正如字面上的意思那样，是有流动性的液态炸弹，但从化学角度上看，可以分为两类：一种是使用了液体炸药制成的炸弹，另一种是将固体炸药放入适当的溶液里融化后制成的液体（溶液）。实际上，后者应该称作溶液炸弹才对。

液体炸弹

与液体炸药中作为主原料的硝化甘油十分相似的物质有乙二醇二硝酸酯。乙二醇二硝酸酯是由用于防冻液的乙二醇（参照130页）和硝酸反应后生成的产物，与硝化甘油类似，也作为炸弹的原料来使用。然而，从爆破力上来说，其威力比硝化甘油更大。

像这样的液体炸弹由于性质不稳定，就算只是受到轻微的冲击也会发生爆炸，因此，人们认为这种液态炸弹实用性并不高。

溶液炸弹

具有"实用性"的液体炸弹就是溶液炸弹。恐怖分子最常用的就是丙酮衍生物。

由于原材料在市场上就能买到，这种炸弹制造起来就十分容易。因此这种炸弹也被称作"厨房炸弹"。由于它是一种极其危险的物质，因而这里不说明它的化学结构以及合成方法。

这种炸弹如果用一般的合成法来制作的话，会以溶液状态完成。为了使其爆炸，一定要使用引线才行，但这也能用便利店里卖的材料来代替。

这种非常危险的物质，对制造者而言也十分危险。在制造中如果倒入的溶液干了的话，就会产生结晶。如果因摩擦而起火，会引起意料之外的爆炸。

本节重点

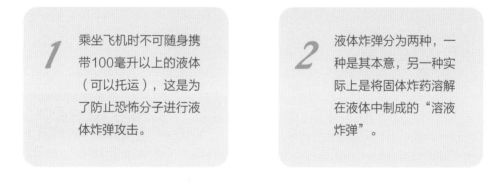

1　乘坐飞机时不可随身携带100毫升以上的液体（可以托运），这是为了防止恐怖分子进行液体炸弹攻击。

2　液体炸弹分为两种，一种是其本意，另一种实际上是将固体炸药溶解在液体中制成的"溶液炸弹"。

3　液体炸弹可以经由个人私自制造使用，监管难度较大，因此其危险性不可忽视。

4　私自制作和使用液体炸弹不仅违法，而且本身也存在很大的危险，因为制作过程中随时可能因意外而发生爆炸。

079 塑胶炸弹有多危险？

说到塑胶，人们首先就会想起聚乙烯或者 PET（聚对苯二甲酸乙二醇酯），是像橡胶或黏土一样，可以随便改变形态、可塑性很强的一种物质。而塑胶炸弹，指的就是一种可塑形黏土状炸药，可依需要捏成各种形状，如果外边附上黏着性材料，就可以安置在非常隐蔽的部位，像口香糖那样牢牢地黏附在上面，因此被称为"残酷口香糖"，它也是恐怖分子喜欢使用的一种炸弹。

塑胶炸弹的性质

塑胶炸弹是第二次世界大战中由美军研发的，为了在战场上破坏敌人的构筑物而使用的一种炸弹。由于其对于冲击并不敏感，所以易于运输，再加上其构造上没有金属，可以安全通过金属探测仪（机场安检），因此，在飞机恐怖袭击中也常被使用。

塑胶炸弹的爆发力虽然很强，但并不会因为震动或火花而爆炸。如果想要引爆它，必须要使用引线。不需要引爆的时候，点火并不会引发爆炸，而只会使其燃烧，这一点是其作为武器的一种优点。

塑胶炸弹的原料

简单地说，塑胶炸弹就是在固体炸药中混合入液体炸药制作而成的。

塑胶炸弹虽然有好几种，但其中最为出名的就是 C-4 炸药。这种炸药是由硝基甲苯、二硝基甲苯、三硝基甲苯、环四亚甲基四硝胺（HMX）以及蜡等混合后得到油状物质，再将其混合进主要成分环三亚甲基三硝胺（RDX）中得到的。

除了蜡以外，C-4 炸药的其他成分全都是强碱性或是具有爆破性的化合物。特别是环四亚甲基四硝胺，它是大量生产的炸药中爆破力最强的一种。

从混合比例上看，一般来说，环三亚甲基三硝胺占炸药成分的90%，根据混合比例的不同，从柔软到坚硬的塑胶炸药都可以随心所欲制成。

本节重点

1 塑胶炸药使用时非常隐蔽，甚至连未经特定嗅识训练的警犬也难以识别，有"C-4"和"残酷口香糖"等别称。

2 塑胶炸弹结构稳定、易于操作，呈黏土形态，可以挤压成任何形状，由于不含金属成分，因此很难进行安全检测。

3 不需要使用的时候，点燃塑胶炸弹不会引起爆炸，只会慢慢地燃烧。需要时通过引线引爆。

4 塑胶炸弹一般由好几种炸药成分按不同的比例混合而成，由于成分不同，软硬度不一。

080 酸的反应有多强？

酸作为能够产生氢离子的物质，会使蓝色的石蕊试纸变成红色，其水溶液 pH 值在 7 以下。在一般的家庭里找找看的话，会发现酸无处不在，例如食醋里有醋酸（CH_3COOH），浴室清洁剂里有盐酸（HCl）等。另外，昆虫中的蚂蚁体内含有甲酸（也被称为蚁酸）。

酸的种类

❶ **盐酸（HCl）：**是气体状态的氯化氢溶在水里生成的。存在于浴室清洁剂等物质中。

❷ **硫酸（H_2SO_4）：**是酸性相当强的一种酸，日常生活中几乎没有要使用它的地方。石膏（$CaSO_4 \cdot 2H_2O$）是钙（Ca）和硫酸（H_2SO_4）的化合物。

❸ **醋酸（CH_3COOH）：**作为有机物中的一种，其水溶液呈弱酸性。食醋中含 3%~5% 左右的醋酸。葡萄糖经过酒精发酵后会变成乙醇，而乙醇经过醋酸菌发酵后就会变成醋酸。

❹ **碳酸（H_2CO_3）：**作为一种酸性极弱的弱酸，是碳酸饮料的成分之一。二氧化碳（CO_2）溶于水后产生的雨滴通常为酸性（pH 值为 5.4 左右）。酸性比它强的雨就是我们所说的酸雨。

❺ **柠檬酸：**是让果实或者梅子酱产生酸味的成分。即便酸度一样，但食醋（酸的成分：醋酸）和柠檬（酸的成分：柠檬酸）中产生酸味的成分并不一样。

酸的有害性

一般来说，在普通家庭中并不存在强酸。但是，日常生活中使用的浴室清洁剂却要加倍小心才行。酸的刺激性很强，因此如果接触到皮肤，就有可能会产生炎症。另外，清洁剂与漂白剂或除霉剂等混合的话，就可能会产生毒性极强的氯气（Cl_2），和某种沐浴露混合的话，就会产生剧毒硫化氢。千万不要忘记酸是一种反应性极强的化学物质，一定要按照产品的注意事项正确使用才行。

碱的反应有多强？

碱是能够释放出氢氧离子（OH⁻），可以使红色石蕊试纸变成蓝色的一种物质。碱的水溶液呈碱性，pH 数值比 7 大。

碱的种类

❶ **氢氧化钠（NaOH）：** 是具有代表性的强碱。由氧化钠和水发生反应后生成。

❷ **氢氧化钾（KOH）：** 与氢氧化钠一样都是强碱。由氧化钾和水发生反应后生成。

❸ **氨气（NH₃）：** 作为弱碱的一种，是一种具有特有刺激性气味的气体。氨气溶于水就会变成氨水。

❹ **草木灰水：** 是我们生活中比较常见的碱的一种。关于草木灰水为什么是碱这一问题，具体可参考本书 87 页。

❺ **氧化石蜡皂（RCO₂Na）：** 把肥皂溶解在水中，就会变成和醋酸相似的有机酸（RCO₂H）和氢氧化钠（NaOH）。有机酸是弱酸，与此相反，氢氧化钠是强碱。因此，由于整体上具有强碱的性质，肥皂也呈碱性。中性洗涤剂并不是碱性的，而是像它的名字一样呈中性。

碱的有害性

在日常生活中，含碱的物质较少，常见的就只有草木灰水和肥皂。因此，实际上我们能接触到碱的机会并不多，但是，碱比酸更为危险，因此需要多加注意。

在温泉里泡完后皮肤会变得光滑，因此有人将温泉宣传成"美人汤"。这是因为大部分温泉的 pH 数值在 7 以上，也有少数酸碱度达到 10 的碱性温泉。碱会将皮肤表面一层粗糙的蛋白质溶解，因此皮肤会变得柔软光滑，让人有一种变成美人的感觉，其实并没有让人焕颜的功能。

如果强碱进入到眼睛里，应该立刻去眼科医院。由于十分危险，一不小心可能就会导致失明。

水也可能
对人造成危害吗？

如果说水是有害物质的话，会有很多人感到惊慌，并认为这样的话并没有依据。水分明显是有益的物质，如果地球上没有水的话，就不会有可以延续生命的生命体。然而，反过来说，有人因为水而丧生，这样的话也并没有错。

夏季放假期间，因为水而发生事故丧生的孩子有多少呢？因为台风和连续性暴雨，无论在哪儿都有可能发生水灾，尤其是沿海地区。雨水泛滥、堤坝溃塌、山泥倾泻以及突发洪水，水的破坏力与扩散的速度一次次让我们震惊。而洪水过后，灾区还极有可能发生传染病和疫情。

在全球变暖的现象中，水会不会变成最终的"夺命凶手"，我们无从得知。科学家预测，在本世纪末，平均气温会上升3℃，随着气温升高，海平面也会上升50厘米。到那时，又会有多少陆地消失呢？

由于海平面上升而消失的陆地，并不仅仅只是一块地。如果是农业用地，将导致种植的作物消失，粮食减产，而如果是住宅用地，我们将失去生活的地方。这会带来一系列的后续问题。

从这一问题我们可以看出，关于有害物质的讨论与判断的方法和见解有关，某些有益物质也可以变成有害物质，反之也成立。就像在这本书里介绍的那么多的有毒物质一样，它们在某些领域也可能是有益的物质。

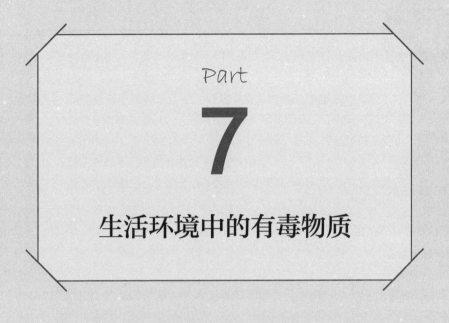

Part

7

生活环境中的有毒物质

　　大气层有多厚呢？打个比方，假设地球是一个直径为1米的球，那么大气层的厚度则连1毫米都不到。如果我们不断地向大气中排放污染物质，大气就会立刻变脏。如今，有很多像二氧化碳、氟利昂、SO_X、NO_X及其他类似的有害物质存在于大气中，时时刻刻危害着我们的健康。我们每一个人都需要关注这个问题。

082 二噁英到底有多危险？

关于二噁英的毒性，有好几种说法，但无可争辩的是，二噁英是一种非常可怕的有毒物质。二噁英在大自然中也普遍存在，但大部分的二噁英都是人类制造出来的。

二噁英的发现

二噁英的危险性是在 20 世纪 70 年代的越南战争中被发现的。在丛林中出没的越南军队受到了一种使他们毫无还手之力的攻击，这种攻击是美军以"枯叶战"为名义，使用除草剂将越南丛林变为光秃秃的山的一种作战手段。战争上使用的除草剂主要是 2,4-D、2,4,5-T。这些物质都是苯环上带有氯原子的芳香族氯化物。

在那以后，有调查结果表明，泼洒了除草剂的地区，新生儿出现连体婴的概率比其他地区高出很多。后来发现混在除草剂里的二噁英是引起畸形儿出生的原因，以此为契机，舆论开始关注二噁英的毒性。

二噁英是由带着两个氯原子的苯环与两个氧原子结合后产生的物质。后来，人们也渐渐发现含有氯原子的有机物在低温中燃烧的时候也可以产生二噁英。

二噁英的危害

实际上，二噁英指的并不是一种单一物质，而是结构和性质都很相似的包含众多同类物或异构体的有机化合物。二噁英的类别因氯原子的取代数量和取代位置不同而有差异，不同种类的二噁英其毒性也各不相同。其中，也有无害的二噁英。毒性最强的二噁英可参见下列表格上列出的第一行，从结构上来看，是具有对称性的 2,3,7,8 的位置上被四个氯原子取代的结构。

现在，不仅是二噁英，人们也渐渐发现了比二噁英少了一个氧原子的 PCDF（多氯二苯并呋喃）也具有毒性（参考 133 页）。

二噁英的种类和毒性当量系数

种类	毒性当量系数（数值越大毒性越强）
2,3,7,8 – tetra – CDD	1（毒性最强）
1,2,3,7,8 – penta – CDD	0.5
1,2,3,4,7,8 – hexa – CDD	0.1
1,2,3,6,7,8 – hepta – CDD	0.1
1,2,3,7,8,9 – hepta – CDD	0.1
1,2,3,4,6,7,8 – hepta – CDD	0.01
1,2,3,4,6,7,8,9 – octa – CDD	0.001

本节重点

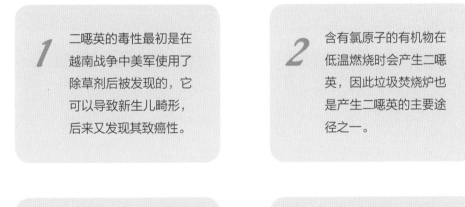

1 二噁英的毒性最初是在越南战争中美军使用了除草剂后被发现的，它可以导致新生儿畸形，后来又发现其致癌性。

2 含有氯原子的有机物在低温燃烧时会产生二噁英，因此垃圾焚烧炉也是产生二噁英的主要途径之一。

3 二噁英并不是一种单一物质，而是指很多种结构类似的化合物，其中也有无毒的。

4 二噁英的毒性因氯原子的取代数量和取代位置不同而有差异，其中2,3,7,8位置被氯原子取代的结构毒性最强。

083 二氧化碳对环境的危害大吗？

二氧化碳（CO_2）被认为是引起全球变暖的元凶。而事实上，二氧化碳吸热的能力比甲烷（CH_4）或氟利昂低得多。二氧化碳之所以能引起全球变暖，是因为其制造量实在是太多了。

二氧化碳的产生

假设将 1 千克的石油燃烧，我们来计算一下会产生多少的二氧化碳。

石油是碳氢化合物，结构是 $H(CH_2)_nH$，即一个分子里包含 n 个碳元素。换句话说，石油是 CH_2 的延续。CH_2 的分子量是 14。如果将其加热的话，就会变成二氧化碳，而二氧化碳的分子量是 44。因此，简单地说，将分子量为 14 的石油燃烧，就会变成分子量为 44 的二氧化碳。

将 14 纳克的石油燃烧，就会产生 44 纳克的二氧化碳。二氧化碳的重量会达到原料的 3 倍重。因此，将 1 千克石油燃烧，就会产生石油重量的 3 倍，即 3 千克的二氧化碳。一艘游轮需要燃烧 10 万吨石油，那么就会产生 30 万吨的二氧化碳。

二氧化碳的有害性

二氧化碳比空气重（大约是空气的 1.5 倍）。因此，在室内悄悄释放二氧化碳的话，会沉积在下方，导致室内的人们呼吸困难进而窒息。然而，二氧化碳也有存在的必要，那就是在发生火灾时使用二氧化碳灭火器进行灭火。

大多数情况下，二氧化碳的危险性都与全球变暖有联系。如果就这样放任气候变暖，在本世纪末，地球的

平均气温就会比现在高出 3℃，同时海平面会上升 50 厘米。

如果有那么一天，现在海拔为 50 厘米的地区就会变成海洋。不仅如此，水可以吸收气体，但如果同等量的水温度上升的话，其吸收量就会减少。那么地球变暖之后，海水的温度也会上升，原本溶于海水中的二氧化碳就会被释放出来，大气中的二氧化碳浓度就会进一步提高，由此就使暖化变得更严重，从而进入恶性循环。

到底是二氧化碳增加导致了气候变暖，还是气候变暖导致了二氧化碳增加，这个问题就像是在问先有鸡还是先有蛋一样。

本节重点

1 二氧化碳是温室气体的一种，会造成使地球变暖的"温室效应"。此外，大气中的温室气体还有氟利昂、甲烷、水汽、氧化亚氮等。

2 在燃烧石油时，产生的二氧化碳为原料的3倍重，因此其排放量相当惊人，对环境造成了极大的威胁。

3 二氧化碳的重量约为空气的1.5倍，如若在室内会沉积在下方，导致人呼吸困难甚至窒息，这一点在使用二氧化碳灭火器时尤其需要注意。

4 当气候变暖（温室效应）后，原本溶于海水中的二氧化碳会释放出来，这些二氧化碳会进一步加剧"温室效应"，因而出现恶性循环。

084 氟利昂被禁用后，环境变好了吗？

氟利昂是在 1928 年由美国的通用汽车公司研发出来的一种合成物质，这种物质的天然状态并不存在。

氟利昂的结构

氟利昂是用碳元素（C）、氢元素（H）、氟元素（F）和氯元素（Cl）合成的一种化合物。然而，也有不含氯元素的氟利昂。

氟利昂的特征就是沸点低，因此曾代替氯作为冰箱或空调的制冷剂使用。另外，它也作为喷雾型产品的喷雾气体或聚氨酯泡沫等发泡剂使用，同时，在精密电子元件（装置）的清洁中，也被大量使用。

氟利昂的种类

种类	化学式	分子量	沸点（℃）	用途	全球暖化指数
氟利昂11	CCl_3F	137.4	23.8	发泡、气雾剂、制冷剂	3800
氟利昂12	CCl_2F_2	120.9	−30.0	发泡、气雾剂、制冷剂	8100
氟利昂113	$CClF_2CCl_2F$	187.4	47.6	清洁剂、溶剂	4800

全球暖化指数：对于全球暖化有多大影响给出的指标，二氧化碳是 1。

氟利昂的危害

在研发当时，氟利昂被认为是对人体和家庭无害的物质。然而，在大量使用之后，其有害性也渐渐被发现。

氟利昂真正的危险性体现在另一个侧面上。使用过后的散发到空气中的氟利昂，随着大气对流而上升，很快就会到达作为平流层一部分的臭氧层上。它与臭氧（O_3）反应后，会破坏臭氧分子，并因此在臭氧层上留下空洞。破坏臭氧的物质是在氟利昂中产生的氯原子（Cl·）。由于氯原子会与臭氧分子发生连锁反应，一个氯原子就能破坏数千个臭氧分子。

臭氧层可以阻隔来自宇宙间射向地球的有害射线，是地球的一道天然屏障。通过臭氧空洞射入的宇宙线使皮肤癌患者日益增多。虽然氟利昂的制造和使用已被禁止，但至今已经散发到空气中的氟利昂，经过 10 年左右就会到达对流层，因此我们一刻也不能掉以轻心。

本节重点

1　氟利昂在自然界中不存在，它是一种人工合成的物质，含有碳、氢、氟、氯四种元素。

2　由于沸点低，氟利昂常被用作制冷剂，也可用作喷雾气体和发泡剂，并可用于精密电子元件的清洁。

3　氟利昂可导致全球变暖，并且会造成臭氧层空洞，由于巨大的危害性，已被禁止生产。

4　氟利昂在紫外线的作用下会分解出氯原子，而一个氯原子会破坏数千个臭氧分子，从而造成臭氧层空洞。

085 现在不再生产PCB（多氯联苯），我们可以放心了吗？

PCB（多氯联苯）是1881年在德国最先合成，然后在美国开始工业生产的一种合成物质，它在自然中并不存在。时至今日，全世界大约已经生产了120万吨PCB，其中已有1/4~1/3进入人类环境，造成危害。

PCB的结构

PCB是一种有两个苯环（典型的芳香族化合物）连接在一起，且这种联苯结构中结合了几个氯原子的物质，是有机氯化物的一种。它是一种有突出的绝缘性、耐热性、耐药性的极其稳定的化合物。因此，多作为变压器的变压器油或载热体、印刷墨水等多方面使用。

PCB的毒性

PCB的毒性是1968年在日本发生了米糠油中毒事件后才被发现的。当时，以福冈县、长崎县为中心，经PCB污染后的食用油（米糠油）在市面上流通，引发了大量中毒。初期症状是皮肤上长像痘痘一样的小疙瘩，随后出现肝功能下降。后经查明，在某公司用米糠制成米糠油的过程中，由于管道工程失误，使米糠油中混入了原本用于除臭工艺的载热体PCB。这些食用油在使用时，一经加热，其中的PCB就会转变为二噁英。

也有说法称，PCB本身并没有毒性，其毒性是来自于作为附属品混入PCB中的二噁英以及PCDF（多氯二苯并呋喃）。无论如何，这些物质的分子结构都带有被氯原子置换了的苯环，因此与芳香族氯化物（这类化合物一般都有毒）有类似性。

在PCB中，若两端的苯环处在同一平面，则得到的共面PCB（co-PCB）的毒性最强。而二噁英或者PCDF都是co-PCB的一种，由此可得出这两种物质毒性极强的结论。

PCB的未来

随着米糠油中毒事件的危险性被渐渐查明，日本在 1972 年开始禁止使用 PCB，并且对大量的 PCB 进行回收保管。我国在 20 世纪 80 年代初也已全面停止生产。然而，由于 PCB 的物理化学性质十分稳定，想要分解已经生产出的 PCB 且使其毒性消失并不是一件容易的事，至今仍未发现实用性强而有效的分解法。因此，PCB 作为一枚"定时炸弹"，目前只能被妥善保管，直到可以有效分解 PCB 的那一天到来。

本节重点

1 PCB具有难以分解的分子结构，是有机氯化物中极其稳定的一种物质，毒性十分强。

2 PCB属于致癌物质，容易累积在脂肪组织，造成脑部、皮肤及内脏的疾病，并影响神经、生殖及免疫系统。

3 PCB的化学性质非常稳定，很难在自然界分解，属于持久性有机污染物的一类。目前只能回收保管，尚无法将其完全处理。

4 科学家正在积极研究分解PCB的有效方法，国外已有微波等离子法、活性炭吸附法、放射线照射法等方法投入实际应用，并有植物根际微生物降解法的尝试。

有机氯化物对人体无害吗？

086

与碳元素结合的化合物一般被称作有机化合物。其中，包含氯原子的有机化合物就被称为有机氯化物。而这些有机氯化物会给身体带来好几种危害。

有机氯化物的种类

有机氯化物虽然也存在于自然界中，但绝大部分有机氯化物是由人工制成的。而其中，有一种物质在我们身边很常见，那就是作为塑料中的一种的聚氯乙烯。

在有机氯化物中，很早就开始大量生产并投以使用的一种是杀虫剂。代表性的有 DDT 和 BHC（参考 106 页）。

引起公害病而闻名的 PCB（多氯联苯）和二噁英，以及用于干洗或用于清洗精密电子元件的三氯乙烯等都是有机氯化物。不仅如此，引起臭氧层空洞的"元凶"氟利昂中也含有氯原子。

有机氯化物的危害

有机氯化物有好几种危害。它进入到人体内会与 PCB 一样，造成皮肤损伤进而引发肝功能下降，其中也有可能会引发癌症的物质。如果燃烧的话，还有可能产生二噁英。

有机氯化物从化学性质上看，基本上都是性质稳定的物质，在高温、强光、强酸或是强碱中都很难被分解。因此，一旦在环境中排放出这种物质的话，就会永远停留在环境中。埋在地里的有机氯化物也不会分解腐烂，而是会渗入地下水、江河水里，最终流入大海。

海水中的 DDT 和 PCB 的浓度十分低。然而，如果通过食物链不断富集，进入人体内的时候，就会变成和海水里的浓度不可相提并论的高浓度状态。由于这一原因，现在甚至能在母乳中检测出 DDT 或 BHC 的存在。从下面的表格中可以看出随着食物链的浓缩，PCB 和 DDT 从海水到生物体内的富集程度。

	PCB		DDT	
	浓度（ppb）	浓缩率（倍）	浓度（ppb）	浓缩率（倍）
表层水	0.00028	–		–
动物浮游生物	1.8	6400	1.7	12000
灯笼鱼	48.0	170000	43.0	310000
太平洋褶柔鱼	68.0	240000	22.0	160000
条纹原海豚	3700.0	13000000	5200.0	37000000

本节重点

1 有机氯化物是指与碳元素结合，并包含氯原子的一类化合物，具有稳定的分子结构。

2 人们熟悉的聚氯乙烯（塑料的一种）、杀虫剂（滴滴涕、六六六），以及前文中提到过的PCB、二噁英，都是有机氯化物。

3 有机氯化物对人体有一定的危害，会造成皮肤和肝脏的损伤，且有致癌性。

4 有机氯化物不易分解，如果排放到环境中，会持续在生物体内富集，对人类危害极大。

087 SO_x 和 NO_x 的危害正在慢慢降低吗？

煤炭或石油等化石燃料的主要成分是由碳原子和氢原子组成的碳氢化合物，其包含硫原子（S）和氮原子（N）等成分。硫原子氧化后生成的物质即硫氧化物，它是由硫原子（S）和 x 个的氧原子（O）结合而成的，一般被称为 SO_x。与此相同，氮原子氧化后产生的物质就被称为 NO_x（氮氧化物）。

SO_x 的危害

硫氧化物的种类有很多，但 SO（气体）、SO_2（气体）、SO_3（固体）、SO_4（固体）这几种比较常见。由于煤炭中含有硫，因此如果在燃煤时没有使用脱硫装置，就会产生大量的硫氧化物。在严重困扰我国的雾霾之中，便含有硫氧化物。

在硫氧化物中，SO_2 可溶于水，生成一种强酸——亚硫酸（H_2SO_3），它被认为是造成酸雨的主要成分。

造成"日本四大公害病"之一的四日市哮喘的元凶也是 SO_x。四日市是日本的一个综合石油工业园区，从 1956 年开始，各种与石油相关的产业和工业园区在那里建立。随着这个工业园区的正式运作，四日市的市民们开始染上哮喘或者慢性支气管炎等呼吸器官疾病，与水俣病、第二水俣病、痛痛病一起被合称为日本四大公害病。

NO_x 的危害

与硫氧化物相似，氮氧化物 NO_x 的种类也很多，例如 N_2O、NO、NO_2、N_2O_5 等。同样，N_2O_5 溶于水就会变成带有强酸性的硝酸（HNO_3）。因此，NO_x 也是造成酸雨的原因，除此之外，它也是造成光化学烟雾的原因。

虽然使用了脱硫装置后，可以有效地消灭 SO_x，但减少 NO_x 并不是一件容易的事情。特别是想要减少汽车尾气中的 NO_x 的话，一定要用使用了白金（铂）的"三元触媒法"等特别的方法才行。

"三元触媒法"指的是可以使以下三种反应同时作用的触媒：①将 NO_x 分解为氮气（N_2）和氧气（O_2）；②将一氧化碳（CO）氧化为二氧化碳（CO_2）；③将燃烧后残留的碳化氢氧化成二氧化碳和水。

本节重点

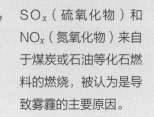

1 SO_x（硫氧化物）和 NO_x（氮氧化物）来自于煤炭或石油等化石燃料的燃烧，被认为是导致雾霾的主要原因。

2 SO_x曾经引起过"日本四大公害病"之一的四日市哮喘，另外，它也是造成酸雨的原因。

3 NO_x是造成酸雨的原因，并且是形成光化学烟雾的元凶。

4 使用脱硫装置可有效地消灭SO_x，但减少NO_x则要难得多，必须使用三元触媒等较为复杂的方法。

088 空气浮尘含有有害成分吗？

空气中有好几种灰尘在飘浮。这些超小型物质中，直径在 10^{-2} 毫米（10 微米）以下的物质叫做悬浮颗粒物，比它大的物质叫做落尘。

悬浮颗粒物

悬浮颗粒物主要是在工厂或者家庭中排出的烟气，以及汽车尾气中产生的。

由于粒子小、重量轻，因此在空气中飘浮的时间很长。所以，悬浮颗粒物被人们吸入的概率很高，沉积在肺部或支气管中引起呼吸器官疾病的可能性也很高。特别是柴油车排放出来的尾气中含有多环芳香族化合物，致癌的可能性很高。

根据三元触媒法（参考 173 页），虽然想进行碳化氢的二次燃烧，但是触媒中使用的白金等稀有金属的价格非常昂贵，在经济上难以实现。

落尘

落尘有好几种类别。它存在于火山爆发后随之而来的火山烟流中，也存在于沙尘暴中。沙尘暴并不单纯只是沙子在空气中飘浮，而是沙子与 SO_x（参考 172 页）等有害物质一起在空气中飘浮，因此问题更加严重。

在落尘中，由汽车轮胎里散发的落尘尤其受到人们的关注。这种落尘是汽车轮胎与道路上的柏油相互摩擦后产生的物质，其中既包含橡胶的成分也包含柏油的成分。特别是在下雪较多的地方使用的带钉轮胎，产生的这种落尘更多。

柏油路面与混凝土路面有着本质上的不同。混凝土是由钙原子等无机物制造而成的水泥。与此相反，柏油的原料是有机物，它是将石油里提取出的原料进行蒸馏，将其中的液体成分除去后留下的残留物，其中包含着以多环芳香族为首的各种有机物。因此，柏油不仅会带来物理危害，还可能会带来化学危害，如强致癌性，因此应当早日提出对策才行。

本节重点

1 在空气浮尘中，直径小于10微米的叫做悬浮颗粒物，直径大于10微米的叫做落尘。

2 悬浮颗粒物主要由工厂排出，同时也存在于汽车尾气、家庭油烟中，它会损伤肺、支气管等呼吸器官，并有致癌性。

3 落尘存在于火山烟流、沙尘暴中，尤其值得重视的是，汽车轮胎与柏油路面摩擦之后会产生含有多环芳香族化合物的落尘，它具有很强的致癌性。

4 解决空气浮尘问题难度较大，目前的方法需要使用昂贵的稀有金属，因此难以普及。

089 酸雨造成的影响有哪些?

雨水是指空中的水分凝结成上空的云,之后再次变成水滴下落到地面上的物质。雨滴下落途中穿过大气的同时,会吸收大气中的水溶性气体或悬浮物,因此雨就像是大气的清道夫一样。

酸雨产生的原因

大气中大概包含了 0.04% 的二氧化碳(CO_2)。二氧化碳溶于水就会变成碳酸(H_2CO_3),因此雨水本来就是酸性的,其 pH 数值大约为 5.4,呈弱酸性。也有酸性比其更强(pH 数值更低)的雨,那就是我们所说的酸雨。

酸雨的产生原因是由硫氧化物(SO_x)和氮氧化物(NO_x)引起的。这两种物质是煤炭或石油等化石燃料中包含的硫成分和氮成分燃烧后产生的物质。这些物质溶于水后,会各自变成硫酸(H_2SO_4)或硝酸(HNO_3)等强酸(参照 172 页)。

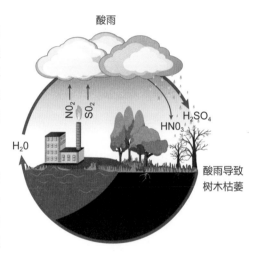

酸雨

酸雨导致树木枯萎

酸雨的危害

酸雨会对大理石等石造建筑造成损害,也会对建筑物的金属部分或露天铜像等金属雕塑进行腐蚀。不仅如此,酸雨还会中和混凝土的碱性,造成其内部的钢筋生锈。如此一来,钢筋部分的体积会增大,进而造成混凝土出现裂痕。同时,透过产生的裂痕,酸雨就会渗透进去,由此就会造成混凝土建筑物变得更加脆弱。

酸雨如果落入湖水或沼泽中，就会给鱼类带来危害；落入森林中就会造成植物枯萎。植物枯萎的山地会丧失储水力，就算是少量的江水或是洪水都能使山地或耕地荒废。由此可见，酸雨会给整个自然界带来广泛的危害。

酸雨首先是在欧洲发现的，现在在亚洲也成为了严重的生态问题。日本以四日市的哮喘公害病的惨痛经历为鉴，致力于减少硫成分的产生，使得大气中的 SO_x 浓度下降。我国在这方面也正在进行持续不断的治理。

本节重点

1 一般的雨水也呈弱酸性，但酸雨的酸性很强，会对自然界和建筑物造成严重的危害。

2 酸雨会将所有的东西都酸化，腐蚀建筑物（大理石、混凝土钢筋等），危害自然环境（湖水、山林、土壤等）。

3 造成酸雨的原因是化石燃料中含有硫和氮，燃烧后会生成硫氧化物（SO_x）和氮氧化物（NO_x），而这两种物质溶于水后会生成强酸（硫酸和硝酸）。

4 想要解决酸雨问题，我们需要致力于减少硫氧化物和氮氧化物的排放，从源头上进行治理，才是根本之策。

090 吸入光化学烟雾会造成哪些后果?

烟雾（smog）是在英国新造的一个词，是将烟（smoke）和雾（fog）合起来而成的。烟雾最初是在伦敦发生的，指的是在燃烧煤炭时产生的硫氧化物（SO）和废气或煤炭微粒与伦敦特有的雾气混合后产

生的酸性雾气。特别是伦敦在 1952 年 12 月 5~9 日期间，因烟雾发生了超过1万人死亡的重大事件。后来，将这种形态的烟雾称之为"伦敦型烟雾"。

光化学烟雾的症状

1945 年，在美国洛杉矶出现了一种奇怪的现象。人们在阳光明媚、微风荡漾的日子里，走出室外，眼睛会犹如被针刺般疼痛，并且视野模糊。同时，很多人由于支气管受到刺激引发咳嗽，造成了呼吸困难，变得非常虚弱。严重的时候，连植物的叶子也会干枯凋落。

在别的国家也发生了类似的现象，在 1970 年，日本东京的环形七号线经过的地方也初次出现了类似的现象。

造成以上现象的原因被认为是一种含化学成分的烟雾，由于它只在强烈的太阳光下才会形成，而且造成的危害与伦敦烟雾十分相似，因此被称为"光化学烟雾"。

光化学烟雾产生的原因

光化学烟雾是经过复杂的反应过程后产生的一种现象，致使其产生的根源污染物质是氮氧化物（NO_x）。

NO_x 和氧气（O_2）在强烈的紫外线下发生光反应，产生大量的臭氧分子（O_3）。然后，臭氧分子和 NO_x 又与碳氢化合物（C_nH_m）发生二次反应，产生二次氧化物——一种名叫 PAN 的过氧化物。臭氧或 PAN 这样的氧化物质也被称为氧化剂，会给人体或动植物带来危害。

NO_x 和 C_nH_m 主要存在于汽车排放气体中。这种形态的烟雾根据最初发源地的名字，被称为"洛杉矶烟雾"。这种烟雾呈现浅蓝色，可随气流飘移数百公里，使远离城市的农作物也受到损害。光化学烟雾多发生在阳光强烈的夏秋季节，其可怕之处在于，随着光化学反应的不断进行，反应生成物会不断蓄积，烟雾的浓度会不断升高。

本节重点

1 光化学烟雾最初出现在美国的洛杉矶，又叫"洛杉矶烟雾"，是带有强烈氧化作用的氧化剂形成的烟雾。

2 光化学烟雾多发生于阳光强烈的夏秋季节，需要特别警惕。

3 人体吸入光化学烟雾后，会出现眼睛刺痛、视野模糊、咳嗽、呼吸困难等症状，长期吸入会降低新陈代谢，加速衰老。

4 导致光化学烟雾的元凶是氮氧化物和碳氢化合物，它们在紫外线的作用下可与氧气发生系列反应，生成臭氧和 PAN（过氧乙酰硝酸酯）等氧化剂。

091 土壤污染的危害有多大？

土地污染指的是重金属和有机氯化物、芳香族化合物、农药等有害物质渗入并停留在地底下，造成的土地或土壤污染。

土地污染的例子

◎痛痛病

20世纪60年代，在日本富川县神通川流域发生的一种名叫痛痛病的公害病，给人们带来了深刻的影响。引起这种病发生的原因物质是一种重金属镉，存在于神通川上游的岐阜县神冈町工厂中排出的水中（参照144页）。镉随着江水流下，渗入到土壤之中，再次富集于谷物等农作物中，而吃了这些农作物的周边居民就会出现中毒症状。

◎工厂拆除旧址

近些年，工厂拆除旧址成为住宅用地的事例慢慢增多，由此出现了各种问题。这是由于工厂倾倒的废弃物中可能含有多种有毒物质，例如砷和铅，其数值会远远超过环境基准值，污染当地的土壤，并通过生物富集作用不断扩散转移，给周围的生物和人类带来危害。

造成土壤污染的物质

◎无机物

造成痛痛病产生的原因物质镉是一种无机物。铬矿渣（冶炼矿石后残留的残渣）虽然也是污染物质中的一种，但其作为地面强化剂，也被使用于填充柔软的地板。铬矿渣里含有毒的六价铬（其毒性参考147页）。除此之外，砷也是一种备受关注的土壤污染物质。

◎有机化合物

造成土壤污染的原因物质中，有素称四氯乙烯的有机氯化物。这种有机氯化物作为干洗的清洁剂，常被使用（其毒性参照5页）。由于它的清洁力很强，再加上有不易燃的优点，曾经被广泛使用。同时，与工厂搬迁地重金属问题一起引起关注的，还有在一些工厂拆除旧址无法挥发的多环性芳香族化合物，例如苯并芘这种致癌物质。

092 水质污染的危害有多大？

水对于生命体而言，是一种不可或缺的物质。如此重要的水却正在被慢慢污染，这对于生命体而言可以说是最大的危险。

循环水

水不会一直停留在一个地方。当水凝固时，就会变成固体的冰块，这些冰块漂浮到北极或者南极，就会变成冰川，形成高大的冰山。如果水蒸发了，就会变成气态的水蒸气，混入空气中，上升到天空，变成一朵朵的云在全世界移动。水如果变成雨或者雪，就会在空中穿过，打湿地表，流入江水中，最终流向大海。同时，也有一部分的水会以地下水的状态停留在地下。

海水会变成洋流在海面移动，随着海陆间循环到达海底 4000 米处并反复进行上下循环运动。雨水会吸收空气中的污染物质，在地面上流淌的时候，会冲刷掉地表的污染物质。

水的这种不断以液态、固态、气态运动的状态被称为水循环。因为有了水循环，水可以不断地对大气和地表进行清洗。因此，水质污染可以看作是地球上所有污染的总和。在农田使用的杀虫剂或是高尔夫球场使用的农药当然也会进入水循环。

水质污染

工厂排出的废水等成为水质污染源的物质很快就会融入水源中，流入江河，造成饮用水污染。大气中的 SO_x（参考 172 页）变成酸雨，沉积在湖水里，湖水就会酸化，对生物环境造成影响。酸化的湖水最终也会流入大海，成为造成以赤潮为首的海洋污染。

如果住宅所在地过去曾是金属精炼厂，那么当地的地下水就有可能已经受到严重的污染。曾有这样的例子，在地下水中检验出有毒重金属硒和砷。

污染源不仅来自于工业。造成河水污染的主要污染源是从家庭中排出的生活废水。合成洗涤剂和沐浴露、化妆品等家用化学物质最终也会流入河水中。食物残渣也是造成水污染的原因。淘米水中有好几种营养成分，如果进入到湖沼或大海里，就会造成富营养化，引发微生物大量繁殖等异常现象。同时，数量庞大的粪尿也不容忽视。

化学反应的
其他危害是什么?

有人说,化学反应是只在实验室里发生的。仔细想想,就会发现这句话是错的。化学反应无论在哪里都可以发生,也无处不在。就在此刻,化学反应也正在我们的身体里进行着,它们被称为生化反应。

由于互联网的发展,现在的人可以在网上看到各种各样化学反应的条件和方法,慢慢出现了想要在自己居住空间里化学合成危险品的人。那些危险品大部分被称为爆炸物,合成这些物质是危险至极的事情。甚至有一些明知道买家是要制作炸药,还向他们贩卖原料的药店。还发生了想要制造液体炸弹(准确的说是炸药水溶液)却因失误引起爆炸,最后被逮捕的荒唐事件。

化学合成并不是化学家的专利。化学家合成物质的时候是以合成"收率和纯度最高"的药品为目的来进行的。这样的化学合成难度很高,想要变得熟练的话,需要进行训练。然而,不考虑收率和纯度这种问题,无条件进行化学合成的话,就没有必要对技术水平进行训练。将需要的药剂按照既定的顺序混合,某种程度上就可以制造出想要的药品。如果作为有毒物质来使用,那种纯度就已经足够了。

这一问题不得不引起我们反思,制造这些有毒物质的原料为什么可以轻易得到呢?是化学本身的神奇,还是人们对自己的行为缺乏约束和管理呢?

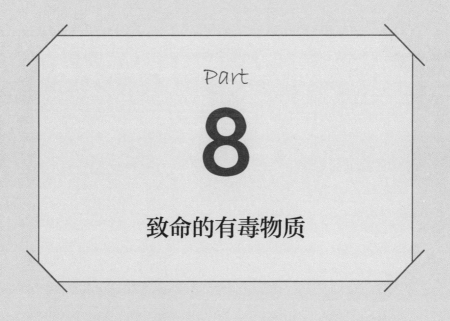

Part

8

致命的有毒物质

　　少量使用也能缩短人们的寿命或者让人丧命的物质被称为"毒"。毒虽然是不能出现在我们身边的物质，但其在工业上也是一种必要的存在。例如，氰化钾虽然是有毒物质，但在镀金工艺中曾是必不可少的物质。所以说，"毒"是一个相对的概念，有毒物质的正当使用才是我们需要考虑的问题。

093 致死量是什么？

　　毒物是一种可以将人类杀死的物质。正如在本书 90 页中提到的
那样，乌头虽然是剧毒，但是如果少量使用，却是一种有效的强壮剂。
就算是像乌头这种著名的毒物，若改变它的使用量，则也可以是药。
希腊人称之为"剂量决定毒性"。

半数致死量

　　能使生物死亡的物质所需的最少剂量叫做致死量（LD），但广泛用于表达毒性强
弱的数值是"半数致死量"（LD_{50}），即将一定量的毒素给多数的实验动物吃的时候，
使 50% 的实验动物死亡时的量。半数致死量根据实验动物大小的不同而产生差异，但
通常以每 1 千克多少的量标明（微克／千克）。LD_{50} 的数值越低，说明有毒物质的毒性
越强。

　　对于毒素的感受性，根据动物种类的不同会产生差异，用于实验的动物无法完全等
同于人类。因此，致死量数值仅具有一定的参考价值，如果认为在致死量以下的物质一
定是安全的，那是一种很危险的想法。

毒的等级

　　在下面的表格中，按照半数致死量的顺序，大致罗列了几种有毒物质。虽然氰化钾
是人们所熟知的剧毒物质，而香烟看似没有那么大的毒性，但必须要承认尼古丁（排名
18）的毒性比氰化钾（排名 19）更强这一事实。以杀人为目的制造而成的化学武器沙
林毒气和 VX 毒剂的毒性极强，这是毋庸置疑的。将这些抛开不看，排在最前列，即毒
性最强的物质却是由细菌分泌出来的毒素，这一点可能超出人们的预料。破伤风杆菌毒
素和肉毒杆菌毒素可谓名副其实的"天下第一毒"。

排名	毒的名称	半数致死量LD$_{50}$ （μg/kg）	来源
1	肉毒杆菌毒素	0.0003	●微生物
2	破伤风毒素	0.002	●微生物
3	蓖麻毒素	0.1	●植物（蓖麻子）
4	岩沙海葵毒素	0.5	●微生物
5	蟾毒素	2	●动物（箭毒蛙）
6	河鲀毒素	10	●动物（河鲀）/微生物
7	VX毒剂	15	●化学合成
8	二噁英	22	●化学合成
9	筒箭毒	30	●植物（箭毒马鞍子）
10	海蛇毒	100	●动物（海蛇）
11	乌头碱	120	●植物（乌头）
12	鹅膏毒素	400	●微生物（蘑菇）
13	沙林毒气	420	●化学合成
14	眼镜蛇毒	500	●动物（眼镜蛇）
15	毒扁豆碱	640	●植物（毒扁豆）
16	番木鳖碱	960	●植物（马钱子）
17	砒霜（As$_2$O$_3$）	1,430	●矿物
18	尼古丁	7,000	●植物（烟草）
19	氰化钾	10,000	●矿物（KCN）
20	氯化汞	29,000（LD$_0$）	●矿物（Hg$_2$Cl$_2$）
21	乙酸铊	35,200	●矿物（CH$_3$CO$_2$Tl）

蓖麻毒素有多可怕？

在植物中，可以食用的种类有很多，此外也有可作药用的。同时，含毒素的植物也不在少数。如果不能确定植物的种类，最好不要触摸，更不要放到嘴里。即使是药用植物，如果大量摄入，也可能造成中毒。关于有毒植物已经在前面章节有所提及（参考第4章），因此在这里就只介绍显花植物中毒性最强的蓖麻。

蓖麻的毒性

蓖麻是可以长到3米的一年生草本植物，在秋天会开出红色的花，因此也被用于插花艺术。花开以后，蓖麻会结出1~2厘米的回旋椭圆形的

美丽果实，用其种子（蓖麻子）提取出来的蓖麻子油用途广泛，除了可用作止泻药之外，还能用作印刷墨水或润滑油等。全世界每年大约会生产出100万吨蓖麻子油。

实际上，蓖麻子中含有一种毒性很强的植物毒素——蓖麻毒素（ricin），它是一种具有两条肽链的植物蛋白，1克蓖麻毒素至少可以毒死400名成年人，其威力要远胜于大家所知道的氰化物。那么，为什么从蓖麻子中提取出的蓖麻子油却没有毒性呢？这是因为在采油时加热了的缘故，使得蓖麻毒素蛋白变性从而丧失毒性。即便如此，孕妇还是最好不要食用蓖麻子油。

关于蓖麻毒素的暗杀事件

有一个与蓖麻毒素有关的著名暗杀事件。1978年9月，在伦敦的泰晤士河附近，一位保加利亚流亡作家乔治·马尔科夫在路上走着走着突然被两位男士撞到。此时男士的洋伞尾部刺到了作家的腿部内侧，那位男士向作家郑重地道歉后就离开了。

当天夜里，马尔科夫便发起了高烧，两天后就去世了。对此感到可疑的调查局，对马尔科夫进行尸检后，在马尔科夫的大腿内侧发现了一个直径为1.5毫米的金属制器具，在上面有两个小孔，小孔上有用蜜蜡密封的痕迹。这个金属器具是一个装满蓖麻毒素的子弹，它从假装成雨伞的空气枪中射出。马尔科夫就是中了这颗"微型子弹"而离奇丧命的。此外，在基地组织的根据地中，也发现了制造蓖麻毒素的说明书。

095 什么是化学武器？

化合物中有只以产生毒性为目的而研发的、令人感到可怕的类型，那就是化学武器。根据国际条约，化学武器虽然被禁止使用，但是使用和制造保存是两回事。暗中制造和保存化学武器的国家不在少数。

老式化学武器

最早的化学武器可以追溯到古希腊时代。人们将渗透了硫的布用火点燃，然后向敌营投去。而真正地使用化学武器是在第一次世界大战期间，氯气（Cl_2）、氯化氢气体、氢氰酸（HCN）、光气（$COCl_2$）等有毒物质在战场上被大肆滥用。

在这些有毒物质中使用得最多的是芥子气，它因与芥末有相似的味道而得名。这种气体一旦被人吸入，就会阻碍肺的呼吸；如果不小心沾到皮肤上，会导致皮肤溃烂。另外，光气也是在第一次世界大战里使用过的一种毒气，吸入中毒后的主要病变是中毒性肺水肿。

现代化学武器

近代的化学武器主要有沙林、梭曼和VX等。这些物质是在研发杀虫剂时意外发现的，对人类的神经传导系统有毒害作用。

人体在正常状态下，作为神经传导物质的乙酰胆碱与肌肉结合，可使肌肉紧张，随后胆碱脂酶又将乙酰胆碱分离，使肌肉回到原来的状态。而沙林等物质可以与胆碱酯酶发生不可逆的结合，从而抑制胆碱酯酶的活性，使肌肉持续保持紧张的状态，进而出现呼吸困难、支气管痉挛和剧烈抽搐，几分钟内即可致人死亡。

作为沙林等物质的预防剂或解毒剂来使用的物质是一种植物毒素——阿托品（从颠茄、洋金花或莨菪中提取）。与沙林相似，阿托品也能与胆碱酯酶相结合，但会发生可逆反应。因此，在接触到沙林时，要用阿托品来防止胆碱酯酶与沙林结合，然后在沙林扩散后再将阿托品排出即可。这就是所谓的"以毒攻毒"。但从解毒的原理我们也可知道，阿托品必须在沙林中毒时立即使用才有效，而且具有极大的副作用。

096 氰化钾竟然就在我们身边？

提起悬疑电影或电视剧中出现的有毒物质，大部分人会想到氰化钾（KCN）。氰化钾正如大众熟知的那样，其毒性非同小可。但是，为什么还要将这种有毒物质单独存放起来呢？这是因为氰化钾在特定的工业领域里曾是必不可少的物质，而这种工业就是镀金工业。

氰化钾的性质

金（Au）以其不易分解的特点而闻名。根据常识，能够使金分解的只有将硝酸和盐酸以 1 ∶ 3 的比例混合后得到的王水。然而，实际上，还有很多种方法可以使金分解。譬如说，如果将金和水银结合，它就会变成液态的汞合金，此外，金在碘酊中也会溶解。

一定要熔化金的工业就是镀金工业。如果无法将其熔化，就不能得到镀金。为了使金熔化得到镀金而使用的试剂有氰化钾以及氰化钠（NaCN）。因此，在过去的镀金工厂中，人们会大量使用氰化钾这种剧毒物质。

氰化钾是白色的结晶体或粉末，如果长时间放置在空气中，就会变成没有毒性的碳酸钾（K_2CO_3）。如果不是专家的话，对于放入容器中的白色粉末到底是氰化钾还是已经变成了碳酸钾这个问题，判断起来是很困难的。

氰化钾的毒性

氰化钾和酸反应，会生成氰化氢（HCN）气体。因此，如果服用了氰化钾，它就会和胃里的盐酸发生反应，变成氰化氢，氰化氢一旦进入肺部就会造成死亡。氰化钾的警告致死量是150毫克（0.15克）。

由于氰化钾的毒性具有速效性，因此如果服用了致死量，大部分人会立即死亡。因氰化钾中毒而死亡的尸体会有以下特征：由于产生了氰化氢气体，因此会散发出苦杏仁的味道，同时还会出现深红色的尸斑。因此想要查明死因并不困难。

实际上，使用了氰化钾的犯罪行为层出不穷。氰化钾也因此被蒙上了一层神秘的色彩，成为令人谈之色变的可怕毒物。

本节重点

1 氰化钾是一种剧毒物质，但同时也曾是镀金工业中不可缺少的一种原料。

2 氰化钾是一种无色结晶体或粉末，长期放置在空气中会变成没有毒性的碳酸钾。

3 氰化钾会引起呼吸器官中毒，它进入人体后产生的氰化氢气体可直接使人丧命，其致死量为0.15克。

4 氰化钾虽然是微量即可致死的剧毒，但死因并不难查明，中毒者的尸体会散发出苦杏仁味道，同时出现深红色的尸斑。

砷的毒性有多强？

众所周知，元素主要分为金属元素和非金属元素。然而，砷既不属于金属元素也不属于非金属元素，而是被归类为准金属（半金属）。此外，硅和硼也是准金属。

砷的同素异形体

像氧分子（O_2）和臭氧分子（O_3）一样，由同样的单一元素组成的、性质却相互不同的物质叫做同素异形体。同样由碳元素构成的煤炭和钻石就是同素异形体。与此相同，砷也有三种同素异形体。这三种同素异形体分别是具有金属光泽的"金属砷（灰色砷）"、透明而又柔软的"黄色砷"和黑色的"黑色砷"。

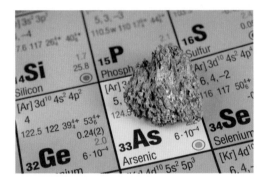

砷的毒性

砷是一种毒性很强的元素。其中三氧化二砷（As_2O_3，俗称砒霜）的毒性最强。在过去，砷常被用作老鼠药。时至今日，它仍被作为白蚁杀虫剂的主要成分来使用。

三氧化二砷是一种无色、无味、无臭的物质，致死量是 60 毫克（0.06 克）。因其具有水溶性，若将其混入食物中的话，是很难辨别出来的。我国古代的"银针试毒"检查的就是砒霜，但其实使银针变黑的并非砷，而是由于古代的生产技术落后，致使砒霜里都含有少量的硫和硫化物，这些硫化物可以使银针变黑。

砷进入到体内之后，大部分都因无法排出体外而积累在人体内。因此，因砷中毒而死亡的死因很容易被查明，因此在近代欧洲，人们将其称为"糊涂者下的毒"。

砷与暗杀事件

砷无色、无味、无臭，又容易溶于水，因此从很久以前开始，就一直被用作暗杀的工具。在文艺复兴时期，教皇亚历山大六世（1431~1503 年）和他的儿子恺撒·博尔吉亚（1475~1507 年）用含有砷的红酒，将其政敌一个个地暗杀了。

拿破仑的死因也一直是人们谈论的话题。他在1821 年 5 月因胃癌而离世，享年 52 岁。然而，也有人主张拿破仑是在被流放到圣赫勒拿岛之后，喝下了含有砷的红酒而被暗杀的，并对拿破仑的头发进行了鉴定，结果检测出了砷的存在。但奇怪的是，在拿破仑被流放到圣赫勒拿岛之前，他的头发也被检测出有同样浓度的砷。这样一来，便有了并不是红酒里有砷，而是拿破仑喜欢的壁纸涂料中含有砷这样的说法。而他的死因再一次成了一个谜。

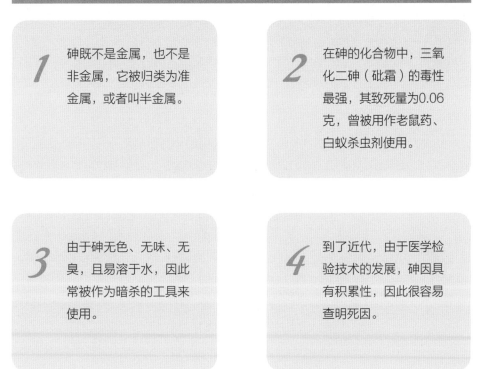

本节重点

1 砷既不是金属，也不是非金属，它被归类为准金属，或者叫半金属。

2 在砷的化合物中，三氧化二砷（砒霜）的毒性最强，其致死量为0.06克，曾被用作老鼠药、白蚁杀虫剂使用。

3 由于砷无色、无味、无臭，且易溶于水，因此常被作为暗杀的工具来使用。

4 到了近代，由于医学检验技术的发展，砷因具有积累性，因此很容易查明死因。

098 铊的毒性有多强？

铊（Tl）是一种白色而柔软的金属，很容易氧化，因而一般存放在水中或石蜡中。铊在希腊语中有"幼芽"的意思。这是因为铊在火焰中会发出像树木幼苗一样草绿色的光，因此得名。

铊的毒性

从发现铊的时候开始，人们就知道它作为单元素的重金属物质，毒性十分强，致死量大约为1克。用铊制成的化合物硝酸铊（CH_3COOTl）和硫酸铊（Tl_2SO_4）多用于老鼠药以及白蚁防治药。很早之前还作为脱毛剂使用过，直至第二次世界大战之前，仍作为面部除毛霜在市场上贩卖，但现在已经不再使用了。同时，铊也用于消毒细菌培养基，是医学或生物学领域常见的药品。不知道是不是因为这一原因，与铊相关的中毒事件多发生在这些领域。

硝酸铊是一种无色、无臭的物质，易溶于水，很容易混入到食物中。年轻的时候曾经是军医的英国作家阿加莎·克里斯蒂对铊十分了解，在小说《白马酒店》中就对铊进行了具体的说明。根据该书的内容，铊中毒的特征是四肢刺痛和脱发。然而，一口气大量服用的话，在出现上述症状之前就会死亡，因此，想要查明死因并不容易。微量铊中毒者的生命即使被抢救回来，但由于神经组织受到不可逆转的损伤，一般都会变成植物人。

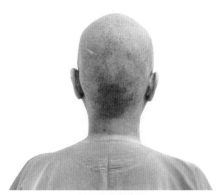

与铊相关的事件

使铊变得闻名的事件，是在英国发生的格雷厄姆·杨事件。这个事件是由曾是照相机技术人员的杨引发的。这个 14 岁的少年从 1962 年开始到 1971 年 10 年期间，使 70 余人服用了铊，被查明的死者就有 3 名。尤其是他冷静地观察了受害者的状态后，将此记录下来的行为实在让人毛骨悚然。

2005 年，在日本也发生了一起一名女高中生用铊向母亲投毒的事件。在此事件中，人们也因女高中生将母亲的模样冷静地记录在笔记本上的行为而受到冲击。除此之外，在中国的大学中也曾经发生过不止一起铊投毒的事件。

本节重点

1 铊是一种毒性特别强的重金属物质，过去多用于老鼠药、白蚁防治药，致死量约为1克。

2 铊中毒的典型症状是四肢刺痛和脱发，大量服用铊瞬间即会死亡。

3 由于铊无色、无臭，易溶于水，因此会被用于投毒，发生了很多震惊世人的投毒事件。

4 铊投毒事件每每引起社会舆论的关注，同时也为人们敲响了警钟，促使我们反思科学与伦理之间的冲突。

099 放射性物质（放射能）有多危险？

在原子的中心，有带着正电子的原子核，在其周围围绕着带着负电子的电子云。原子核是由带着正电子的质子与呈电中性中子组成的。

原子核中包含的质子的个数为原子序数（也即元素在周期表中的序号），用符号 Z 表示。质子和中子的个数总和称为质量数，用符号 A 表示。在书写时，原子序数（Z）写在元素符号的左下角，质量数（A）写在元素符号的左上角，以上下标的形式来标注。

原子核衰变

原子核并不是永恒不变的物质，一个原子核会变成另一个新的原子核，这样的变化就被称为原子核反应。在与太阳相似的恒星中发生的核聚变和在原子核反应堆中发生的核裂变，可以说是最具戏剧性的原子核反应。

在原子核反应中，会发生放射性原子核释放出"小粒子"，然后变成一个新的原子核的反应。这种反应一般被称为（原子核）衰变，而释放出的"小粒子"就被称作放射线。

将这个过程比喻为橄榄球运动员投球会更容易理解。橄榄球运动员好比放射性原子，而球就好比放射线。称为"橄榄球运动员"的资格就相当于"放射性"。被投出的球打到会痛的缘故是因为球带有能量（放射能）。也就是说，放射性是一般实体物质所不具有的一种能力，在日常生活中也不容易接触到。

放射线的种类

放射线种类繁多，我们较为熟知的有以下几种：

❶ α（阿尔法）射线：是氦原子核（^{4}He）高速运动的粒子束。破坏力很强，但是

由于粒子带有 +2 的电荷，因此想要阻隔它并不困难。一般来说，人的皮肤和薄的铅板都可以阻隔它。

❷ **β（贝塔）射线：** 以高能量和高速运动释放出的电子。这种射线也很容易阻隔。

❸ **γ（伽马）射线：** 与电波和光类似，是电磁波的一种。电磁波带有与振动频率成比例的能量，其能量大小为电波＜红外线＜可视光线＜紫外线＜X 射线＜γ 射线（参照 14 页）。γ 射线比白血病或癌症的诱因 X 射线具有更强的能量，是一种可以直接威胁生命的物质。用铅原子可以将其阻停。

❹ **中子射线：** 是由中子构成的粒子束。由于中子并不带电荷，因此想要阻隔它很难。如果制造出只产生中子的炸弹，就可以做到不破坏建筑物而只杀死生命体，会成为让人"胆战心惊"的武器。

本节重点

1 放射性是散发放射线的能力，可以比喻为橄榄球运动员投球的能力。

2 α 射线是粒子流，带2个单位正电荷；β 射线是电子流，带负电荷；γ 射线是光子流，不带电荷。

3 α 射线只有进入人体内后才会造成损伤。γ 射线穿透力极强，可直接造成人体损伤，有"杀人射线"之称。β 射线的危险性介于二者之间，可造成烧伤。

4 中子弹（强辐射武器）是一种以高能中子辐射为主要杀伤力的低当量小型氢弹，应用在战场上可以只杀伤敌方人员，对建筑物和设施破坏很小，也不会带来长期放射性污染。

钋的毒性有多强？

由居里夫人发现的钋的名字出自居里夫人的故国波兰。它是一种具有放射性的白色柔软金属。

钋的毒性

钋会产生 α 射线。α 射线以其易于阻隔和方便运输而被人们熟知。然而如果钋进入到体内的话，就无法阻断 α 射线。受害者就会因内脏受到损伤而面临生命危险。钋的致死量为 5 纳克（5 纳克，即 5 克的 1 亿分之 1），这是个极其少的量。

钋的半衰期

钋一边释放出 α 射线，一边就会慢慢地变成铅。因此，经过一定的时间，钋的量就会减少到原来的一半，剩下的就会变成铅。变成原来量的一半所花费的时间就叫做半衰期，钋的半衰期是 138 天。也就是说，经过 138 天，钋的量就会变成原来的二分之一，276 天以后就会变成二分之一的一半即四分之一。因此，如果不赶紧使用钋的话，它就会慢慢消失。

钋与暗杀事件

钋并不是一种为大众所熟知的化学物质，但在 2006 年，因一起事件而变得有名。这是一起在英国发生的俄罗斯流亡者的暗杀事件，受害者在伦敦的一个寿司吧里和朋友吃完寿司的 28 天后死亡。解剖的结果中发现了钋的内部辐射物质，此为死因。

在地球上，约有 90 种元素存在，但其中的 88 种都存在于地壳中。钋的存在比率排在其中的第 87 位，是十分稀有的元素。因此，在研究中使用的钋并不是天然的钋，而是在原子核反应堆中人工制成的。

这次事件发生以后，日本的一则新闻以"杀死一个人，50 亿！"为题刊登了这件事，除了吐露出荒唐之感外，还表达了钋并不是想买就能买到的东西，堪称世界上最贵的暗杀武器。

本节重点

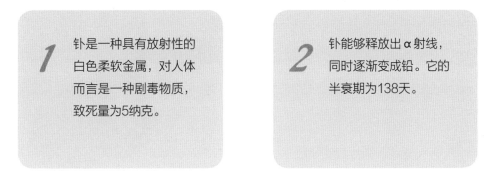

1 钋是一种具有放射性的白色柔软金属，对人体而言是一种剧毒物质，致死量为5纳克。

2 钋能够释放出 α 射线，同时逐渐变成铅。它的半衰期为138天。

3 α 射线无法穿过皮肤，但 α 射线一旦进入人体内，就会造成致命的危害。因此，就算是极微量的钋进入到体内，人也会因严重的辐射损伤而死亡。

4 钋是一种十分稀有的元素，在研究中使用的钋都是在原子核反应堆中人工制成的。

贫铀的毒性有多强？

铀（元素符号 U，原子序数 92）是作为原子弹的材料或原子核反应堆的材料来使用的一种元素。同时，由于其具有特殊效果，也被作为子弹来使用。

同位素

原子中存在原子序数（Z）相同，质量数（A）不同的同位素。虽然同位素的化学性质相同，但由于重量（比重）不同，因此，物理性质不同。

铀中有质量数为 235 的 ^{235}U 和质量数为 238 的 ^{238}U 存在。其中，作为原子弹等的原料使用的是 ^{235}U，天然铀中 ^{235}U 的比例仅有 0.7%。因此，如果想要用作原子弹的原料来使用的话，就要从天然铀中只分离出 ^{235}U 才行。这个过程叫做浓缩。

分离后的 ^{235}U 作为核反应堆的原料，"耀眼的命运"正等待着它。与此相反，残留下来的 ^{238}U 并没有"表演"的舞台，因而被起了个不光彩的名字，叫贫铀。

贫铀的用途

在无机化学领域，贫铀得到了关注。其原因在于铀的比重。虽然一般金属的比重都比较大，但铀在金属中也是比重偏大的一种。铁密度 7.6，铅密度 11.4，金密度 19.3，比重最大的金属铂密度 21.5，而铀的密度是 19.1，其密度之大可以轻易看出。

用比重大的金属制作成子弹，随着运动量的增多，其破坏力也会随之增大，可以穿透坦克的厚装甲板；如果制成炮弹的话，则不仅会打穿地面，甚至连地下要塞都会被破坏。因此，美军在1988年海湾战争以来就将贫铀作为一般武器来使用。

利用比重大的金属制成的子弹中还有钨弹，而贫铀弹比起钨弹，有着价格低廉的优点。不仅如此，由于其在1100℃以上可以燃烧，因此杀伤力更强，如果敌方的弹药库等目标起火，就可能会引起连环爆炸。

然而^{238}U作为重金属，其化学毒性也很强，而且具有放射性。再加上它燃烧时会变成气体，从而会给周边环境带来放射性辐射危害。因此使用了贫铀弹的结果就是：给战场周边的儿童带来了甲状腺损伤、癌症等放射性伤害，在1988年的海湾战争中参战的多国部队的退役军人中也出现了"海湾战争综合征"及癌症。

本节重点

1 铀是一种比重很大的金属（密度19.1），具有^{235}U和^{238}U两种同位素，其中^{238}U被称为"贫铀"。

2 ^{235}U一般被用作原子弹的原料来使用，从天然铀中分离出^{235}U的过程叫做浓缩。

3 原来毫无用处的贫铀在1988年的海湾战争中被制成"贫铀弹"使用，其杀伤力远远大于以往的子弹。

4 由于使用了具有放射性的贫铀弹，不仅战场周边的人们出现了甲状腺损伤、癌症，参战的军人也纷纷出现了"海湾战争综合征"及癌症。

102　原子弹为什么会令人谈虎色变?

原子弹是指利用原子核分裂时产生的能量的炮弹。

连锁反应

在钚（^{239}Pu）或者铀（^{235}U）的原子核中，如果中子发生碰撞，原子核就会分裂，从而产生核裂变产物和能量。与此同时，也会产生几个中子。这种中子和其他 ^{239}Pu 或 ^{235}U 继续碰撞分裂，又会再产生中子。

如果这种连锁反应反复进行，反应的规模就会以几何级数扩大，在短时间内就会产生巨大的能量从而引发爆炸，这个就是原子弹。

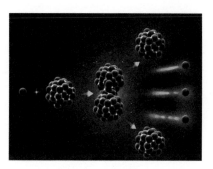

铀的临界量

正如前文提到的那样，天然铀中 ^{235}U 的浓度不超过 0.7%（参考 198 页），无法作为原子弹的材料来使用。因此，一定要使用一定的技术提高天然铀中 ^{235}U 相对于 ^{238}U 的浓度才行，而这样的操作就叫做浓缩。像这样用于原子弹而浓缩的铀就叫做高浓缩铀（^{235}U 的浓度可达 50%）。

浓缩的铀团中随着铀的自然分解，会产生中子。然而如果粒子团很小，中子在原子核中进行碰撞之前就会飞走，从而不会引起粒子碰撞。但是，如果粒子团的大小到了某种程度以上，就会和原子核进行碰撞发生连锁反应，从而引起爆炸。使连锁反应开始的量就叫做临界量。

临界量的铀就是原子弹。临界量铀的几个碎片是分散着的，等到想要引发爆炸的时候就引爆化学炸药，将铀的碎片集中到一个地方。原子弹的原理就是这么简单。只要有高浓缩的铀，那么就算是在小区的工厂里也可以制造出原子弹。这也是关于铀和钚的管理问题被频繁提及的缘故。